Markus Spieker
**Mono**

Markus Spieker

# MONO Die Lust auf Treue

Pattloch

© 2011 Pattloch Verlag GmbH & Co. KG, München
Alle Rechte vorbehalten. Das Werk darf – auch teilweise –
nur mit Genehmigung des Verlages wiedergegeben werden.
Redaktion: Bernhard Meuser
Satz: Adobe InDesign im Verlag
Umschlaggestaltung: ZERO Werbeagentur, München
Druck und Bindung: GGP Media GmbH, Pößneck
Printed in Germany
ISBN 978-3-629-02281-3

**Bitte besuchen Sie uns im Internet:**
**www.pattloch.de**

5   4   3   2   1

Für Torsten und Juliane

# Inhalt

# 01    Du willst es doch auch!

## Einleitung

Mir ist wohl bei größtem Schmerze,
Denn ich weiß ein treues Herze.
*(Paul Fleming)*

**E**r sieht aus, als wäre er mit einer Infusion Testosteron oder einer Pulle Viagra in den Tag gestartet. Ein Mann, der mich erinnert an Anthony Quinn und der in den Sandalenfilmen der 50er einen passablen römischen Centurio gegeben hätte. Bronzehaut, Granitkinn, Schrankschultern und blaue Augen, die von Bambi auf Terminator umschalten können. Dass er gute Gene hat, zeigt sich auch darin, dass seine Tochter bei einer großen Miss-Wahl gewonnen hat. Schuld daran ist natürlich ebenso seine Frau, selbst eine Schönheit, und um die geht es zumindest indirekt in unserem Gespräch. Ein gemeinsamer Freund hat mich mit ihm zu diesem Interview verkuppelt. Jetzt sitze ich mit Block und gezücktem Kugelschreiber im Büro des bulligen Mittelständlers und bin gespannt. Er soll mir Lust auf Treue machen.

»Ich habe meine Frau nach Strich und Faden betrogen«, sagt er. Fängt ja gut an. Seine Story klingt wie die vieler verheirateter High-Potenz-ials. Mit Anfang 20 trifft er seine Traumfrau, baggert so lange, bis sie ihm das Jawort gibt, dann kommen drei Kinder, der Spaß im Ehebett nimmt ab, der Stress im Job zu, und der außereheliche Sex wird sein Ventil. Angefixt wird er von anderen Geschäftsleuten. Wenn sie ein Arbeitsessen haben, geht es anschließend routinemäßig in den Puff. Aber die meisten Frauen kriegt er gratis: Er trifft sie im eigenen Betrieb, bei Kundenbesuchen, in Bars. Sein Aufreißerinstinkt entwickelt sich, verfeinert sich: »Wenn ich in eine Kneipe gegangen bin und die Frauen gecheckt habe, wusste ich auf den ersten Blick, mit welcher was gehen würde.« Seiner Frau erzählt er etwas von Überstunden und Extraausgaben. Sie kriegt ein kleines Taschengeld, während er die Kohle für Getränke und Geschenke raushaut.

Mit 30 fängt sein sexuelles Doppelleben an, zunächst mit sporadischen Affären für den kleinen Hunger zwischendurch, bald mit zwanghaftem Fremdgehen, One-Night-Stands und längeren Affären. Manchmal laufen drei Affären parallel. »Ich war wie ein Alkoholiker«, erinnert er sich, »und ... absolut unglücklich.« Oft schlief er auch mit Frauen, die verheiratet waren, sich aber einsam in ihren Beziehungen fühlten. Anschließend fühlten sich zumindest die Frauen schlechter als vorher: »Ich konnte ihnen ja nicht geben, was sie wollten: Liebe, Nähe, dauernde Zärtlichkeit.« Seine Frau ahnte nichts: »Sie hat mir blind vertraut.« Zehn Jahre lebt er im ungezügelten Rausch der Hormone.

Bis jetzt hat er mir keine Lust auf Treue gemacht, höchstens Unlust auf Untreue. Aber ich bin auf solche Geschichten angewiesen. Denn ich kann zu beidem, Treue und Untreue, nicht so viel Autobiographisches beisteuern. Ich kann auf keinen runden Hochzeitstag zurückblicken, noch schlimmer, ich kann auf gar keinen Hochzeitstag zurückblicken. Ich wandere in Sachen Liebe nicht, wie es in einem Gedicht von Robert Gernhardt heißt, »durch die Landschaft meiner Niederlagen«, auch nicht durch die Szenerien meiner Triumphe. Als Single, der über Treue schreibt, komme ich mir vor wie der Eunuch im Harem. Als Journalist bin ich es gewohnt, mich öffentlich über Dinge zu äußern, bei denen ich kein Experte bin. Allerdings muss ich selten mehr als zwei Fernsehminuten mit Secondhand-Knowhow füllen. Und ich habe nicht die Aufgabe, meinen Zuschauern Lust auf etwas zu machen. Schon gar nicht Lust auf etwas vermeintlich so Abstraktes wie die Treue.

Deshalb warte ich darauf, was mein Gesprächspartner außer Pleiten, Pech und Pannen sonst noch auf der Pfanne hat und ob sich bei mir irgendwann Appetit auf Treue einstellt. »Und heute?«, unterbreche ich seine Laster-Aufzählung. Er legt seine gut manikürten Pranken auf den Holzschreibtisch und lächelt sanft: »Heute gehe ich nicht aus dem Haus, ohne meine Frau in den Arm zu nehmen, sie zu küssen und ihr zu sagen, dass ich sie liebe.« Er beugt sich vor und bleckt freundlich die Zähne: »Der Sex ist übrigens super.« Ach? Er ist Mitte 60. Ich habe inzwischen die Jahreszahlen, die er mir genannt hat, im Kopf durchgerechnet. Er ist seit einem Vierteljahrhundert »clean«. Damals brachte ihn ein Pfarrer, bei dem er sich als Affärenjunkie outete, dazu, seiner Frau alles zu beichten. Fast ein halbes Jahr ließ sie ihn nicht mehr an sich heran. Und er ließ keine andere an sich heran. Die sexuelle Nulldiät fiel ihm noch nicht einmal schwer. Denn in der Zwischenzeit hatte er sich neu in seine Frau verliebt, wollte sie wieder erobern. Noch einmal, für immer. Schließlich vergab sie ihm.

Nur einmal landete er wieder im Bordell. Bei einer Männertour hatten sich seine alten Freunde über seine

Proteste hinweggesetzt und ein Eroscenter angesteuert. Aber der Ex-Casanova ließ nichts anbrennen: »Ich bin als Erster zu den Mädchen gegangen und habe denen gesagt: Wir wollen alle nur was trinken; wir sind glücklich verheiratet. Und meine Kumpels haben sich gewundert, warum die Girls sich nicht blicken ließen. Ich hab die Geschichte dann gleich meiner Frau erzählt. Wir haben beide so gelacht ...«

Die Geschichte hat mir so gut gefallen, dass ich die aktuellen Scheidungszahlen, die ich vom Statistischen Bundesamt bekommen habe, auf die späteren Kapitel verschoben habe und es zum Auftakt bei diesem Erlebnisbericht belasse. Mir hat er jedenfalls Lust gemacht. Und um Lust, Gefühle, Sehnsüchte geht es in diesem Buch vor allem.

Für »Mono« habe ich Aspekte und Anekdoten über die Treue gesammelt und geordnet. Manchen wird mein Ansatz zu bekenntnishaft und zu wenig ironisch vorkommen. Aber was ist Ironie? Ironie ist Distanz, eine Haltung der Schadensbegrenzung. Also nichts für Leute, die gerade herauswollen aus einer distanzierten Betrachtung der Dinge. Ich schreibe ein Buch für Menschen, die sich echtes Gelingen in Leben und Liebe wünschen. Deshalb rede ich auch von mir. Ich will das auch. Das perfekte Rezept für Treue habe ich nicht. Treue ist ja auch kein Ziel, das man irgendwann erreicht, sondern eine Richtung, in die man geht. Ich will diese Richtung präzisieren, Hindernisse beschreiben und einen halbwegs sicheren Weg skizzieren. Wer eine Mitfahrgelegenheit in dieselbe Richtung sucht, ist bei »Mono« richtig.

# Erster Teil    Warum?
## Der Sinn der Treue

## Das Comeback der Treue

> When leaders can't be trusted
> When heroes let us down
> And innocence lies rusted
> Frozen beneath the ground.
> Why do we marry?
> Why do we fall in love?
> Keep on believing in love?
> Because love, love is my sword,
> Love is a weapon,
> Love is a lesson
> And we, we are the conquerors
> We are the soldiers
> We are the lovers
> That's why we fall in love
> That's why we believe in love
> That's why we marry.
> *(Lucinda Williams, Plan to Marry)*

**D**ie Treue kommt zurück.

Das ist jetzt schon die Nachricht des Jahrzehnts. Mit Nachrichten kenne ich mich aus. Mein Job ist es, sie im Fernsehen zu verbreiten. Wenn das hier kein Buch, sondern ein Fernsehprogramm wäre, würde ich ein Laufband durchs Bild schicken:

»Breaking News: Die Treue kommt zurück.«

Das Thema ist leider nicht besonders bildstark. Sex zu zeigen ist einfach. Nackte Körper in Action, fertig. Aber dauerhafte Liebe? Was gibt es da für Bilder? Händchenhalten? Dackelblick? Das Reservoir ist erschöpflich. Treue ist eine Langfristtugend. Momentaufnahmen geben das nicht wieder. Wenn Liebe, wie Richard David Precht in seinem gleichnamigen Bestseller feststellt, »ein unordentliches Gefühl« ist, dann ist die Treue die Ordnung, die die Liebe am Leben hält, auch wenn die Gefühle mal weg sind. Aber wie filmt man das?

Es gibt allerdings Momente, wo sich die Treue, die sonst dezent im Hintergrund bleibt, selbstbewusst nach vorne schiebt. So einen Moment habe ich erlebt und anschließend begonnen, dieses Buch zu schreiben.

Ich kam gerade von einem Besuch in Los Angeles zurück. Da redeten alle noch vom »Tiger Woods Syndrom«, benannt nach dem als Serien-Seitenspringer enttarnten Weltklassegolfer. Für viel Gesprächsstoff sorgte auch Jesse James, der bullige Biker, der seine Gattin Sandra Bullock mit einem wahrhaft bildstarken Tattoo-Model betrogen hatte. Damit nicht genug: Kate Winslet trennte sich gerade von ihrem Mann, Cameron Diaz von ihrem Lover, Jennifer Anniston war auch wieder solo. Elizabeth Edwards, die gehörnte Ex-Frau des Präsidentschaftskandidaten Jonathan Edwards, rächte sich mit Alles-muss-raus-Memoiren, Bill Clinton wurden wieder einmal Affären nachgesagt, aber das störte keinen mehr. Für die parteipolitische Ausgewogenheit sorgten einige republikanische Spitzenpolitiker mit ihren außerehelichen Techtelmechteln. Und kaum zurück in Deutschland, erfuhr ich auch noch, dass Lothar Matthäus seiner vierten Ehefrau Liliana den Laufpass gegeben hatte und dem *STERN* kurz darauf in einem Interview treuherzig versicherte, dass alles nicht seine Schuld war: »Ich bin sehr gewissenhaft. Auf mich kann man sich verlassen. Ich bin treu.« Zwischenzeitlich soll er wieder mit Liliana angebandelt haben. Für Schlagzeilen außerhalb des eigentlichen Spielfeldes sorgte auch die englische Fußballnationalmannschaft. Da schien jeder gerade mit irgendwem in flagranti erwischt worden zu sein.

Ich war also, wie man in meiner Branche zu sagen pflegt, »drin im Thema«, als ich meinen Eltern einen Besuch abstattete. Die beiden sind seit über 41 Jahren verheiratet. Als sie sich das Jawort gaben, war er 23, sie 25, und die sexuelle Revolution auf ihrem Höhepunkt. Meine Eltern kriegten von Woodstock allerdings nicht viel mit, auch nicht von Oswald Kolle und den Schulmädchen-Reports, und statt »Honky Tonk Woman« oder »Whole Lotta Love« sangen sie Choräle. Einige Jahre später trat mein Vater seine erste Pfarrhausstelle an und blieb da bis zur Rente. In der barocken Schlosskirche fand fast an jedem Wochenende eine Trauung statt, die Leute kamen von weit und breit und ließen die Blumen als Gottesdienst-Deko zurück.

Wenn eine Ehe auseinanderging, erfuhren wir das auch ziemlich schnell. Die Klatschmäuler vom Dienst machten ihren ersten Stopp meistens im Pfarrhaus. Dass meine Eltern auch auseinandergehen könnten, kam uns drei Geschwistern nie in den Sinn. Wenn die zwei sich stritten, was selten vorkam, machten sie vorher die Tür zu. Vor dem Schlafengehen hatten sie sich dann meistens wieder vertragen. Ich habe ausgerechnet, dass die beiden bis heute auf rund 15 000 gemeinsame Nächte und 50 000 Mahlzeiten gekommen sind. Was bei ihnen nicht dazu geführt hat, dass sie sich verschlissen, sondern dass sie sich immer besser gleichschalteten. Jetzt, als ich sie besuchte, saßen sie nebeneinander am Wohnzimmertisch und feierten den Geburtstag meiner Mutter. In alter Tradition sprach mein Vater ein Dankgebet. Er fing an mit »Lieber Vater im Himmel …« und kam bis zu »… für meine liebe Frau«. Dann war Schluss. Er fing an zu weinen. Ich linste hinüber zu den beiden, die nun beide heulten und dabei Händchen hielten.

Meine Seele machte klick. Das Bild ging in meinen Datenspeicher und bekam einen Sperrvermerk. Wer sich jetzt krümmt, weil das nach In-Your-Face-Kitsch klingt, dem kann ich auch nicht helfen. Ich habe jedenfalls auch rote Augen gekriegt und anschließend wieder mal offene dafür, was ich wirklich will im Leben.

»All You Need Is Love«, haben die Beatles gesungen. Darüber, was unter Liebe verstanden werden kann, gehen die Meinungen auseinander. Für mich ist die einzige Liebe, die das Etikett nicht beschmutzt, die treue Liebe. Die Liebe, die sich über den Moment hinaus verspricht und die dieses Versprechen hält. Wieder die Beatles: »Will you still feed me, will you still need me, when I'm 64?«

Die XL-Version des Lebens heißt 3L. Das ist für mich die Abkürzung für Lebenslängliche Liebe. Manchmal zweifle ich daran, ob wir modernen Menschen noch die Fähigkeit für 3L haben. Wir wollen sie auf jeden Fall. Das sagen alle Statistiken, inklusive der jüngsten Shell-Jugendstudie. Wir wünschen uns, dass wir wie der zynische Tyrann in Schillers Ballade »Die Bürgschaft« feststellen dürfen: »Die Treue – sie ist doch kein leerer Wahn!« Ob Treue dann tatsächlich den Dauercheck übersteht, das steht auf einem anderen Blatt. Aber dass sie zumindest als Sehnsucht hochaktuell ist, bestätigen die Demoskopen.

- Fragt man die Deutschen danach, was ihnen am wichtigsten ist, sagt die Mehrheit: gute Beziehungen. Sie haben das begriffen, was Glücksforscher bestätigen: Mehr Geld macht nur bis zu einem Sockelbetrag von rund 50 000 Euro im Jahr etwas glücklicher. Danach kommt es nur noch auf gute Beziehungen an, davor weitestgehend auch.
- Fragt man weiter, was eine gute Beziehung ausmacht, antworten die Deutschen: erstens Vertrauen, zweitens Treue.
- Neun von zehn Deutschen halten einen Seitensprung für grundsätzlich falsch und ticken damit so wie der überwiegende Rest der Weltbevölkerung.
- Und alle Menschen, die ich kenne, wünschen sich, dass sie alt werden mit dem Menschen, den sie lieben.

Es ist verblüffend, aber das Ideal der Treue übersteht mühelos alle Varianten des Zeitgeistes – bürgerliche, unbürgerliche, antibürgerliche, konservative, liberale, rechte, linke. Treue ist zeitlos. Ja, Treue ist *die* zeitlose »In«-Tugend, wie Blau die zeitlose »In«-Farbe ist. Hartnäckig hält Blau den ersten Platz in der Farben-Hitparade der Deutschen. Die Farbe Blau symbolisiert die Treue, aber auch die Sehnsucht und die Ferne, vielleicht deshalb, weil es Treue als Sehnsucht und als Versprechen und als Erinnerung gibt, nicht als ekstatische Momenterfahrung.

Als ich das Thema im Freundeskreis als Titel meines nächsten Buches angeteasert habe, gab es immer positive Reaktionen. Mir fiel auf, dass sich bei meinen weiblichen Gesprächspartnern die Augen noch etwas weiter öffneten, emphatisch und erwartungsvoll, bevor sie sich wieder verengten: »Treue – gibt's das noch?«, habe ich öfter gehört.

Die Skepsis ist berechtigt. Jede dritte Ehe in Deutschland wird geschieden, fast jede zweite bei den neu geschlossenen Ehen. Und weil wir Menschen uns in der Regel nicht von Wünschen, sondern von Erfahrungen leiten lassen, weil wir unser Verhalten bei anderen abschauen, ist anzunehmen, dass sich die Beziehungsbrüche in Zukunft noch vermehren werden.

Kein Grund zur Panik, versichern uns affärengestählte Promis. Til Schweiger mutmaßt: »Die Monogamie hat sich die Kirche ausgedacht.« Das heißt also: Untreue ist normal. Aha. Mario Adorf weiß noch mehr: »Nach einem Seitensprung fängt die Ehe erst an.« Ehebruch als Ehestimulans? Aha. Zusammengeschusterte Familien werden von der Ausnahme zur Regel. Mittlerweile hat das Patchwork-Prinzip auch im Schloss Bellevue Einzug gehalten.

Was denen da oben recht ist, ist denen da unten billig. Als rustikales Alternativprogramm zur feinen Berlin-Mitte-Gastronomieszene habe ich einmal mit einem Freund die Neuköllner Eckkneipe »Gießkanne« besucht: »Du musst unbedingt Horst und Heidi kennenlernen!« Das Mobiliar sah aus, als stammte es aus der Nachkriegszeit, und es roch auch so. Aber die Moral war auf der Höhe unserer Zeit. Mein Freund hatte eine Reportage über den Kiez geschrieben und dabei ein alteingesessenes Ehepaar, eben Horst und Heidi, kennengelernt. Die beiden gehörten zur Stammbelegschaft der »Gießkanne«. »Jeden Abend um Punkt neun kommen die beiden und setzen sich an ihren Stammplatz«, sagte mein Freund und guckte auf die Uhr. »Pass auf, gleich sind sie wieder da.« Tatsächlich. Um 21 Uhr ging die Holztür auf. Herein kam Horst und pflanzte sich an den Tresen. Nur – wo war Heidi? Mein Freund fragte nach. Die Wirtin klärte uns auf: »Die ist weg von ihm.« Horst kippte sein Bier hinunter und sah nicht so aus, als könnte er sich mit neuen Facebook-Freunden über Heidis Abgang hinwegtrösten.

Da würde es mir bessergehen. Ich nähere mich bei Facebook der 1000-Freunde-Schwelle. Ich gehöre noch zu den Usern, die der Gründer des Sozialnetzwerks, Mark Zuckerberg, persönlich geworben hat, vor ein paar Jahren auf dem Weltwirtschaftsgipfel in Davos. Damals war er nur ein Promi unter vielen, noch kein Über-VIP, und ich im Auftrag der ARD unterwegs, um über die Folgen der Weltfinanzkrise zu berichten. Aus verschiedenen Zeitungsartikeln hatte ich den Eindruck gewonnen: Der Mann wird mal wichtig. Besser, schon mal einen Erstkontakt herzustellen. Also unterbrach ich sein Gespräch mit einigen anderen nerdy aussehenden Konferenzteilnehmern und stellte mich als deutscher Journalist vor. Ich erwähnte auch, dass ich justament ein Buch mit dem Titel »Faithbook« geschrieben hatte, und hoffte auf einen kleinen Schmunzler von ihm. Er guckte mich regungslos und roboterhaft an und sagte nur: »Germany?« Dann referierte er die neuesten Facebook-Zuwachszahlen im deutschsprachigen Raum und forderte mich auf, selbst beizutreten. Als er fertig war, drehte er sich wieder zu seinen Gesprächspartnern um. Auf meine Bitte nach einem Interview reagierte er gar nicht. Ich schluckte meine Eitelkeit hinunter und kompensierte meine Nicht-Bekanntschaft mit Zuckerberg dadurch, dass ich auf Facebook fleißig auf Freundschaftsakquise ging. Jetzt habe ich den Vorteil, dass ich mit vielen Leuten bekannt bin, die ich nicht kenne. Eine von ihnen hat mich kürzlich bei Facebook angechattet. »Hallo.« Ich war neugierig, was sie von mir wollte. Eine Minute später schrieb sie: »Mein Freund hat sich von mir getrennt.« He, tat sich da was auf für mich? Zehn Sekunden später: »Sorry, das war jetzt nicht für dich bestimmt, ich habe dich verwechselt …« Ich habe mir trotzdem vorgestellt, wie sie mit bleichem oder verheultem Gesicht vor ihrem Monitor sitzt. Ich jedenfalls saß weiter alleine vor meinem Monitor.

Am Ende des oscarprämierten Spielfilms »Schwarze Augen« rechtfertigt sich ein von Marcello Mastroianni gespielter Lebemann dafür, dass er seine Chance auf das große Liebesglück vermasselt hat: »Es ist das 20. Jahrhundert! Wer denkt da noch an jemand anderen? Wer wartet noch auf jemand anderen?« Und: Wer bleibt bei noch jemand anderem?

Mich hat nicht nur das leuchtende Vorbild meiner Eltern motiviert, das Buch zu schreiben, sondern auch das abschreckende Beispiel von einigen Freundinnen. Die letzten Jahre gehen in meine Annalen ein als die »Jahre der traurigen Frauen«. Gleich mehrere haben mir geschildert, wie sie auf die eine oder andere Art Untreue erlebt haben. Sie wurden betrogen, verraten, verlassen, schwer enttäuscht. Jetzt überlegen sie sich, ob sie sich noch einmal aufs Schlachtfeld der Liebe heraustrauen sollen. Wenn die sich noch mal auf die Piste begeben, denke ich mir, dann nur noch mit schwerem Panzer und sorgfältig einstudierten Abwehrreflexen. Verglichen mit unseren Vorfahren, bleiben uns viele Heimsuchungen erspart. Von einem Schicksalsschlag müssen wir aber vermutlich mehr wegstecken als irgendeine Generation vor uns: dem Beziehungsbruch. Vielleicht ist das der Preis, den wir für unsere neuen

Freiheiten und Möglichkeiten zahlen müssen. Das behauptet der Philosoph Sven Hillenkamp in seinem Buch: »Das Ende der Liebe«. Der Untertitel sagt bereits alles: »Gefühle im Zeitalter unbegrenzter Freiheiten«. Der Ansatz ist nicht neu: Der Essayist Denis de Rougemont schrieb in den dreißiger Jahren des letzten Jahrhunderts eine Monographie über »Die Liebe und das Abendland«. Darin prognostizierte er das Ende der Treue, denn: »Für den Menschen des gegenwärtigen Jahrhunderts ist die Treue die am wenigsten natürliche unter den Tugenden, und es ist die Tugend, die für das Glück scheinbar am unvorteilhaftesten ist.«

Jetzt leben wir im 21. Jahrhundert. Wir, die vorläufig letzten Menschen, leben länger, schneller, diverser, flexibler, mobiler, unabhängiger als unsere Vorfahren. Alles wird lockerer, logischerweise auch unser Bindungsverhalten. »Monogamie langweilt mich fürchterlich.« Wer das gesagt hat? Carla Bruni, die Gattin des französischen Präsidenten, hört man. Spricht sie nur aus, was viele denken?

»AMEFI« kürzt der Paartherapeut Michael Mary die Zielvorstellung »Alles mit einer für immer« ab – und hält sie für überholt und sogar schädlich. Der Zukunftsforscher Matthias Horx hat errechnet, dass die Idealzahl der vorehelichen Romanzen bei rund 12 liegt. Dann sei man bestens gerüstet für das Abenteuer »Ehe«. Über sieben Brücken musst du gehen. Oder über zwölf Leichen. Das Betongelöbnis »Ich bleibe bedingungslos bei dir« will Horx ersetzen durch die Kunstnebel-Formel: »Ich werde dir stets dabei helfen, deine Potentiale weiterzuentwickeln.«

Vielleicht haben sie ja recht. Vielleicht sollten wir uns an den Gedanken gewöhnen, dass *Treue für immer* von gestern ist. Am Ende gewinnt der, der den besseren Ehevertrag aushandelt und die AGBs gründlicher liest, der den smarteren Scheidungsanwalt engagiert und der, bevor es zu hässlichen Szenen kommt, den Möbelwagen vorfahren lässt. Schließlich gilt beim Schlussmachen das Prinzip: Der Erste macht das Licht aus und der andere bleibt im Dunkeln zurück.

Das Standardargument gegen 3L, lebenslängliche Liebe, sieht so aus: Wir leben länger und weniger abhängig voneinander. Heutzutage sind es nicht wirtschaftliche und soziale Notwendigkeit, sondern nur Gefühle, die Paare zusammenbringen – und wieder auseinander. Unsere Ansprüche an die Liebe überfordern die Ehe, sie sprengen sie irgendwann, was nicht weiter schlimm ist: Allem neuen Anfang wohnt eben auch ein Zauber inne. Wir bleiben treu, aber nur abschnittsweise. Serielle Monogamie ist das Konzept der Zukunft. Wir sind nun einmal schwach. Und die Verhältnisse sind, wie sie sind.

Ich akzeptiere beides nicht: nicht meine Schwäche, nicht die Verhältnisse.

Ich plädiere für eine Laufzeitverlängerung der Liebe. Auf unbefristet.

Und ich bin damit im Trend. Ich werde für die lebenslange Treue noch viele Argumente anführen. Hier liste ich schon einmal Argumente auf, die für ihr Comeback im 21. Jahrhundert sprechen.

- Unsere Hirne sind auf Lückenfüllung programmiert. Schon Sokrates wusste: »Wir begehren, was uns fehlt.« Wir haben, historisch gesehen, maximale Freiheit. Aber wir sehnen uns nach verlässlicher Bindung.

- Menschen suchen sowohl Aufregung als auch Harmonie. Aber je älter, müder und hilfebedürftiger wir werden, desto höher schätzen wir Frieden und Sicherheit gegenüber Spannung und Abwechslung. Der Sehnsuchtsort der meisten Menschen ist eben nicht Honolulu oder Marrakesch, sondern das eigene glückliche Heim.
- Wir leben im Zeitalter der permanenten Krise. In der globalisierten, hochtechnologisierten, totalvernetzten Welt passiert überall immer irgendetwas, und alles hat mit allen und damit auch mit uns zu tun. Festanstellungen werden seltener, Zukunftsprognosen schwieriger. Um irgendwie trotzdem Balance zu halten, brauchen wir zumindest in unseren Partnerschaften möglichst große Planungssicherheit.
- Der grassierende Narzissmus, der in Shows wie »Germanys Next Topmodel« seinen vergleichsweise harmlosen Ausdruck findet, macht selbstlose, fürsorgliche, treue Menschen attraktiver.
- Vertrauen ist der Kitt jeder Gemeinschaft: Sozialwissenschaftler ermahnen uns, dass Gemeinschaften nur so lange lebensfähig bleiben, wie unter ihren Mitgliedern Vertrauen herrscht: Vertrauen darin, dass es gerecht zugeht und dass Versprechungen eingehalten werden. Nirgendwo wird Vertrauen stärker erschüttert als durch Liebeslügen und Beziehungsverrat.

Um es zusammenzufassen: Der Meinungstrend spricht für das Florieren der unbedingten Treue, die Fakten dagegen. Das ist nicht weiter verwunderlich: Die Sehnsucht wächst proportional zu den Schwierigkeiten, sie erfüllt zu bekommen. Je begrenzter das Angebot, desto größer die Nachfrage.

»Nichts, was gut ist, ist nicht auch schwierig«, pflegt eine Freundin von mir zu sagen, die auch schon heftige Kämpfe an der Beziehungsfront hinter sich hat. Treue ist, wie jede große Errungenschaft, nicht selbstverständlich und naturgegeben. Aber sie ist möglich.

Jede Zeit hat ihre besondere Herausforderung, die Wiedergewinnung der Treue als anerkannte und praktizierte Tugend ist die Herausforderung des 21. Jahrhunderts. Die Frage: »Wie bekomme ich eine glückliche und dauerhafte Beziehung?«, schwingt fast in jedem persönlichen Gespräch mit, das ich führe, ob mit Singles oder mit Verheirateten. Sie bewegt die Menschen mehr als die Fragen, die ich in der »Tagesschau« zu beantworten versuche: ob die Rente sicher ist, der Euro stabil, die Klimakatastrophe abwendbar. Die Leute fürchten sich weniger davor, dass die Arktis schmilzt, als dass sie irgendwann alleine und ungeliebt dastehen.

In der berühmten »Bedürfnispyramide« des Psychologen Abraham Maslow sind die Selbstverwirklichungsbedürfnisse »on top«. Darunter liegen als Fundament unsere Grund-, Sicherheits- und Gemeinschaftsbedürfnisse. Erst kommt die Beziehungsarbeit, dann das Selbstverwirklichungsspiel. Freiheit entfaltet sich am besten innerhalb sicherer Bindungen. Laut D. H. Lawrence ist wahre Freiheit das »Umklammern des richtigen Haltes«. Wo die Stabilität sozialer Zusammenhänge, vor allem von Ehe und Familie, nicht mehr gewährleistet ist, droht Selbstverzettelung statt Selbstverwirklichung. In den letzten Jahrzehnten ist die Bedürfnispyramide auf den Kopf gestellt worden. Dieser Trend muss dringend umgekehrt werden. Auch darum geht es bei »Mono«.

Treue transzendiert die politischen Lager. Treue ist genauso gut ein »rechter« wie ein »linker« wie ein »mittiger« Wert. Treue sichert den Erhalt des Guten, schafft der Freiheit eine sichere Basis, sorgt für Gerechtigkeit zwischen Menschen, die sich einander anvertraut haben.

Wenn ich von »treuer Liebe« schreibe, meine ich nicht nur, aber insbesondere: die romantische, die exklusive, die monogame Liebe, und zwar die lebenslängliche. Und ich schreibe über die heterosexuelle Liebe, weil das die einzige ist, mit der ich mich auskenne.

Okay, so gut auch wieder nicht, sonst wäre ich nicht Single.

Zero statt Mono.

Schöner Treue-Experte.

Wenn dieses Buch nur von einem Ehe-Veteranen hätte geschrieben werden dürfen – 25-jährige Treue-Praxis aufwärts –, dann hätte ich den Job meinen Eltern überlassen müssen. Aber was wissen die von den spezifischen Herausforderungen für Männer, die sich im Global-Digital-Hochgeschwindigkeits-Zeitalter festlegen wollen auf Alles-mit-Einer-für-Immer?

Seit Jahren muss ich mir von den Familienvätern in meinem Bekanntenkreis anhören, dass ich im Gegensatz zu ihnen nichts für die Rente tue. Seit meine Bekannten wissen, dass ich dieses Buch schreibe, wollen die Witzeleien gar nicht mehr aufhören. Immer wieder fragen sie mich, woran es bei mir hapert: An der Treue? An der Liebe?

Meine offizielle Antwort: Ich habe die Richtige noch nicht gefunden.

Meine inoffizielle Antwort: Ich war bisher vermutlich auch noch nicht der Richtige, das heißt: nicht liebes-

und treuefähig genug. Manche brauchen halt mehr Vorlaufzeit.

Seit ungefähr einem Vierteljahrhundert träume ich von der großen Liebe. Vielleicht liegt es an meiner Pfarrhaussozialisation, dass ich mich immer mehr von schönen Seelen als von sexy Körpern angezogen gefühlt habe. Zwar ist auch bei mir der direkte Draht von den Augen in die Lendengegend ziemlich kurz und heiß. Aber ich hatte nie den Wunsch, mich in kurze Affären zu stürzen. Als Teenager hatte ich noch nie etwas gehört von Roland Barthes, aber wenn ich damals schon seine »Fragmente einer Sprache der Liebe« gelesen hätte, dann hätte ich den folgenden Satz als meine persönliche Absichtserklärung reklamiert:

»Ich begegne in meinem Leben Millionen von Leibern; von diesen Millionen kann ich nur einige hundert begehren; von diesen Hunderten aber liebe ich nur einen.«

Meine bisherige Beziehungsbilanz sieht so aus: mit ungefähr 1000 Frauen hatte ich das, was man als »Begegnung« bezeichnen könnte: ausführliche Gespräche, gegenseitige Sympathiebekundungen. Von ungefähr 100 Frauen habe ich mich romantisch angezogen gefühlt. Mit ungefähr zehn Frauen hatte ich das, was man heute als »Dating Relationships« bezeichnet: Beziehungsouvertüren, die aber nicht in die treue Zweierkiste führten. Eine feste Beziehung hatte ich bisher nur einmal.

Ungewöhnlich für einen 39-Jährigen.

Unfassbar für einen 39-Jährigen, der beruflich und privat von Event zu Event springt, der auf Parteitagen unterwegs ist, auf der Berlinale, der Popkomm, dem Artforum und den dazugehörigen After-Show-Partys.

Trotzdem immer noch solo? Das ist der Stoff, aus dem Hollywood-Komödien gemacht sind.

Den Stoff, aus dem Tragödien gemacht sind, haben einige der Frauen geliefert, die ich auf der Suche nach der »Einen« getroffen habe. Ich hätte nur allzu gerne, aber die Traumfrauen in spe wollten am Ende doch nicht springen. Konnten sich nicht hergeben. Hörten, wenn ich lyrische Zuneigungsbeteuerungen formulierte, nur Kratzgeräusche. Hatten sich in einer Unsicherheits-Endlosschleife zwischen »Tu mir nicht weh« und »Hab mich ganz lieb« eingeklemmt. Oder fanden mich einfach nicht toll genug. Was weiß ich. Ihre Geschichten haben mich darin bestärkt, weiterhin alles auf eine Karte zu setzen und mich nicht mit Kurzfristromanzen zu verzocken.

So wahnsinnig schwer ist mir das nicht gefallen. Auch wenn ich mir das manchmal heimlich gewünscht hätte, bin ich nie einer Hopp-und-Ex-Männerfresserin begegnet. Und wenn, dann habe ich sie mit meinem flirttechnisch kontraproduktiven Gott-und-die-Welt-Diskurs verschreckt. Die Frauen, die bisher in meinem Herzen ein Echo hervorriefen, waren nicht nur hübsch, sondern auf unterschiedliche Art auch gütig. Sie spielten nicht, sie manipulierten nicht, sie suchten wie ich die große Liebe.

Was sie voneinander unterschied, war, dass die einen vertrauensvoll waren und die anderen nicht. Was daran lag, dass die einen bisher nur ein paar Blessuren vom Schlachtfeld der Liebe davongetragen hatten und die anderen schwere Verletzungen. Diese hübschen Liebes-Invaliden hatten sich beziehungsunfähigen Partnern anvertraut: Narzissten und Autisten, Alkoholikern und Erotomanen. Sie hatten ihren Partnern das geladene Gewehr der Liebe in die Hand gedrückt, dabei zaghaft »Schieß nicht« gehaucht – und waren kaltblütig abgeballert worden. Wo die einen Frauen sich freuten, wenn sie das Wort »Liebe« hörten, brach den anderen der Angstschweiß aus.

Merkwürdigerweise hatte ich bei jenen Frauen, die fröhlich und zielsicher auf eine Beziehung mit mir zusteuern wollten, immer das Gefühl, dass es nicht passt. Bei den Frauen, die vom Viele-Frösche-Küssen schwere Froschvergiftungen davongetragen hatten, war ich hingegen überzeugt, dass es passt. Dafür hielt es nicht. Mit Frauen ist es wie mit Popsongs. Der perfekte Popsong, hat der Pet Shop Boy Neil Tennant gesagt, ist »schön mit einem Schuss Traurigkeit«. Ich weiß noch genau, wie ich mit pumpendem Herzen und lockerem Mundwerk einer solchen schön-traurigen Frau zum x-ten Mal gegenübersaß und meinen x-ten Versuch startete, emotionale Intimität herzustellen. Ich fragte sie nach ihren Zukunftsplänen, Männer betreffend. Sie ging darauf nicht ein, sondern sagte: »Ich werde es nicht zulassen, dass mich ein Mann jemals wieder verletzt.« Ich fragte zurück: »Wie kannst du das ausschließen?« Sie schüttelte stur den Kopf: »Ich werde es nicht zulassen. Nie wieder. Nie.« Dabei sah sie durch mich hindurch und scannte die kahle Restaurantwand ab. Sie hatte einige Beziehungen gehabt, mit der genauen Zahl wollte sie nicht herausrücken. Drei, fünf, sieben, mehr? Der Philosoph Ortega y Gasset schätzt, dass jeder Mensch maximal drei große Liebschaften verträgt. Sind unsere Kapazitäten für große Gefühle irgendwann erschöpft? »How much of yourself can you give away«, singen Everything But The Girl, »after someone left your life in disarray?«

Solche Erfahrungen haben mich noch vorsichtiger gemacht. Auch wenn mir Freunde empfehlen: »Werd locker.« – »No More Mr. Nice Guy.« – »Die Frau da hinten an der Bar, die sieht aus, als ob sie's wissen will …«

Ist nicht mein Stil. Ist nicht mein Charakter. Ist nicht meine Vorstellung von Liebe. Ich denke mir: Auch wenn sie's wissen will, will sie eigentlich etwas anderes. Jedenfalls will ich etwas anderes.

Als ich bereits damit begonnen hatte, dieses Buch zu schreiben, fiel mir ein, dass »Treue« schon in meinem Konfirmationsspruch vorkommt. »Sei treu bis zum Tod, so wirst du die Krone des Lebens bekommen.« Das Zitat steht im letzten Buch der Bibel, der Apokalypse des Johannes. Ist zu pathetisch, um schön zu sein. Aber ich bin anhänglich. Ich möchte es behalten und mit Leben füllen. Meinem Leben.

Ich habe allerdings keine Ahnung, was gute Vorsätze wert sind, wie viel Druck die Treue aushält und ob ich sie überhaupt finde: die Liebe, die passt und hält.

Deshalb habe ich nicht zuletzt in eigener Sache recherchiert. Ich wollte genau wissen, was Treue ist, warum wir sie brauchen und was uns gleichzeitig davon abhält, sie zu realisieren. Davon handelt die erste Hälfte von »Mono«. In der zweiten Hälfte versuche ich die Fragen zu beantworten, die im postideologischen, pragmatischen 21. Jahrhundert die noch entscheidenderen sind: die »Wie«-Fragen: Wie genau funktioniert Treue?

Ich habe mich bei meiner Recherche aus der Schatztruhe des Weltwissens bedient. Ich habe auch die eine oder andere Anekdote aus meinem Bekanntenkreis eingestreut, aber ich bin geizig damit umgegangen. Auch wenn ich die Namen anonymisiert hätte, wären einige Menschen peinlich berührt gewesen. Sie haben mir vertraulich aus ihrem Leben erzählt. Ich habe mich deshalb entschieden: lieber eine Pointe verschenkt, als einen Freund gekränkt.

Dieses Buch ist keine ausgewogene, ergebnisoffene Beziehungsanalyse, sondern ein moralistisches Manifest pro mono. Ich betätige mich hemmungslos als Treue-Lobbyist.

Natürlich wird die Treue nicht über Nacht wiederkommen, sondern erst als Sehnsucht, dann als Nachfrage, bis sie irgendwann hoffentlich wieder zur Selbstverständlichkeit wird. Dann hätte sich das mit den »Breaking News« auch erledigt.

# 03      **treu vs. doof**

## Die Definition der Treue

> »… weil ich ihr mein Wort gegeben habe.«
> *(Ein Freund auf die Frage, warum er*
> *seine suchtkranke Frau nicht verlässt)*

Die Japaner sind beim Thema Treue auf den Hund gekommen. *Den* Hund: Hachiko. Als ich den Außenminister auf einer Japan-Reise begleitet habe, bin ich zwischen zwei Staatsempfängen davongeschlichen, um zu Hachikos Denkmal zu pilgern. Es befindet sich auf dem quirligsten Verkehrsknotenpunkt der Welt, der Shibuya-Kreuzung. Hier ist Tokio so, wie man es aus Filmen wie »Lost in Translation« (Regie: Sofia Coppola, USA 2003) kennt: schrill, grell, quirlig, rasant, eine einzige Überforderung der Sinne. Wenn hier die Fußgängerampeln auf Grün schalten, überqueren bis zu 15 000 Menschen auf einmal die Straße. Rushhour-Weltrekord. Und mittendrin das Monument der Beständigkeit: der in Bronze gegossene Vierbeiner. Stoisch hockt er da, wie sein lebendiges Vorbild vor 80 Jahren. Täglich wartete Hachiko auf sein Herrchen, auch noch, als der Universitätsprofessor längst gestorben war. Zehn Jahre kreuzte er vor dem Bahnhof auf, bis er selbst tot war. Wenn einheimische Liebespärchen sich heutzutage in Tokio verabreden, dann machen sie häufig das Hachiko-Denkmal als Treffpunkt aus. Vielleicht weil sie hoffen, dass sein gutes Vorbild auf sie abfärbt. Mittlerweile gibt es auch einen Hollywood-

Film über die Hundestory mit Richard Gere in der Hauptrolle (Regie: Lasse Hallström, USA 2010). Obwohl ich den Ausgang der Geschichte kannte, hat der Plot seine Wirkung auf mich nicht verfehlt. Mir sind die Tränen gekommen. Auch ich wünsche mir schließlich jemanden, der immer auf mich wartet. Allerdings nicht unbedingt einen Hund. Ich glaube nicht, dass Hunde treu sind, zumindest nicht im moralischen Sinn. Treue als Tugend setzt Entscheidungsfreiheit voraus. Hunde sind – sorry, Hundebesitzer! – treudoof. Sie folgen ihrem Instinkt, sind anhänglich, können nicht anders.

Was also ist das, die Treue?

Fußball-Fans bezeichnen sich gerne als treu. Ein echter Idealist war der Funktionär eines Hertha-BSC-Fanclubs, den ich vor einigen Jahren in seiner Privatwohnung interviewt habe. Die Wände waren dekoriert mit Wimpeln, Trikots, Postern und allerlei anderem Fußballnippes. Der Mann widmete dem Verein nicht nur jeden freien Quadratmeter, sondern auch jede freie Minute, fuhr zu allen Spielen, nahm an allen Sitzungen teil. Das alles hatte seinen Preis. Seine Frau war inzwischen ausgezogen und hatte die Kinder mitgenommen. Weil er einmal zu oft gefeiert hatte, war er auch noch den Führerschein los und den Job. Ihm blieb nur noch die Hertha. Die liebte er. Allerdings haperte es mit der Gegenliebe. Der Hardcore-Herthaner fühlte sich vom Vereinsmanagement durch Missachtung gestraft und durch überteuerte Preise schikaniert. Die Hertha-Bosse hätschelten stattdessen die VIPs. Egal. Er wollte der Hertha trotzdem treu bleiben.

Ich frage mich: Ist einseitige Treue überhaupt welche? Setzt Treue nicht voraus, dass jemand darauf zählt?

Wären sonst nicht auch Stalker treu? Und – setzt Treue nicht auch die Option der Untreue voraus? Ich bin meinem FC Bayern seit über 30 Jahren treu, was kein besonderes Kunststück ist. Ich kenne nämlich keinen einzigen Fußball-Fan, der fremdgeht. Als Kind habe ich innerhalb eines Jahres meine Vereinsvorliebe dreimal gewechselt. Seitdem nicht mehr. Es würde sich auch nicht lohnen. Als Fan lebe ich nicht von der Hoffnung auf künftige Erfolge, sondern von der Erinnerung an vergangene Spiele. Und die Vergangenheit kann man genauso wenig ändern wie seinen Verein. Also bleibt man ihm treu. Eine Frage des Schicksals, nicht des Charakters.

Manche behaupten, dass Treue mit der Treue zu sich selbst beginnt. Ich kenne allerdings Schürzenjäger, die das auch von sich behaupten und Untreue als Lebensstil pflegen. Und immer mehr Frauen, die aus einer Ehe ausbrechen, sagen: Ich war das meiner Selbstachtung schuldig. Das Wichtigste ist, dass man sich selbst treu bleibt. Ist das Treue? Ich habe da so meine Zweifel. Vor allem, wenn dann der Satz hinterhergeschoben wird: »Nur wer sich ändert, bleibt sich treu.« Das bewegt sich doch sehr in einer Welt der narzisstischen Spiegelungen. Es geht doch um das Wunder aller Wunder in der Welt: dass wir nicht auf ewig allein bleiben müssen, dass es unser Höchstes und Schönstes ist, in Kommunikation treten zu können, dass wir in der Hingabe an den anderen unser Eigenstes entdecken. In diesem Kontext spielt doch das Wort Treue. Treue als Ich-Bezug – das ist doch allenfalls eine sekundäre Ableitung.

Was passiert, wenn man untreu ist, hat Hannah Arendt so beschrieben: »Man mordet das Wahr-Gewesene, schafft das, was man selbst mit in die Welt gebracht hat, wieder ab.« Für die Philosophin lag in der Untreue eine ganz besondere soziale Zerstörungskraft, eine »wirkliche Vernichtung, weil wir in der Treue und nur in ihr Herr unserer Vergangenheit sind: Ihr Bestand hängt von uns ab. So wie es von uns abhängt, ob Wahrheit in der Welt ist oder nicht.« Für den katholischen Philosophen Dietrich von Hildebrand ist ein untreuer Mensch einer, »bei dem Liebe, die er jemandem zugewandt hat, sich verflüchtigt unter dem Einfluss neuer Eindrücke, der Sympathien für andere Personen oder einfach durch die Wirkung der Zeit«. Das klingt hart. Geht uns das nicht allen zuweilen so?

Was sagt das Großhirn der Massengesellschaft, was sagt Wikipedia über die Treue? Der Stand des digitalen Weltwissens, Oktober 2010: »Treue, abgeleitet vom mittelhochdeutschen Triuwe, ist eine Tugend, die die Verlässlichkeit eines Akteurs gegenüber einem anderen, einem Kollektiv oder irgendeiner Sache ausdrückt. Sie basiert auf Vertrauen und/oder Loyalität, ist aber nicht unbedingt ein Indikator dafür, dass sie einen würdigen Gegenstand hat.«

An diese Definition habe ich gedacht, als ich in Berlin die »Topographie des Terrors« besichtigt habe. Die Gedenkstätte befindet sich auf dem Gelände des Gestapo-Hauptquartiers. Auf fast 1000 Quadratmetern wird der Schrecken, den die SS verbreitete, dokumentiert: Bilder von Leichenbergen, Massenerschießungen und Porträtfotos der Täter. Ihr Leitspruch war von Hitler persönlich geprägt worden: »Unsere Ehre heißt Treue.« Sie waren nicht ihrem Gewissen verpflichtet, nur dem Führer hörig. Der Kadavergehorsam kostete Millionen Menschenleben – und fügte dem Begriff

Treue einen, wie es schien, irreparablen Imageschaden zu. In den siebziger und achtziger Jahren wurde Treue zur verzichtbaren »Sekundärtugend« herabgestuft. Ich denke rückblickend: Treue zum Bösen ist böse Treue und deshalb keine. Jedenfalls keine Tugend.

Allerdings stimmt so viel: Treue für sich genommen bewirkt wenig. Treue ist eine Hilfstugend, die idealerweise einer Kardinaltugend zur Nachhaltigkeit verhilft. Ich denke dabei weniger an die Kardinaltugenden der Antike: die Gerechtigkeit, die Klugheit, die Bescheidenheit, die Tapferkeit, sondern eher an die zentrale christliche Tugend, die Liebe – oder das, was Kant etwas abgeschwächt, aber auch zutreffend den »guten Willen« nennt. Treue assistiert der Liebe. Sie folgt ihr wie ein kleines Hündchen. Wo das kleine Hündchen ist, da kann die Liebe nicht weit sein. Und wo etwas schreit: »Ich bin die Liebe«, aber das kleine Hündchen fehlt, ist es alles, bloß nicht Liebe.

Treue macht Liebe nachhaltig. Anders gesagt: Treue ist die Fähigkeit zu moralischer Nachhaltigkeit. Der Begriff »Nachhaltigkeit« kommt aus dem frühen 19. Jahrhundert. In einem damaligen Wörterbuch wurde Nachhaltigkeit als das definiert, »woran man sich hält, wenn alles andere nicht mehr hält«. In der Ökologie sorgt Nachhaltigkeit dafür, dass Ressourcen regeneriert werden. Die Treue ist insofern nachhaltig, als sie die Liebe regenerierbar macht.

Es gibt viele Ausdrucksformen von Treue. Eine sehe ich jeden Morgen, wenn ich vor meine Haustür trete. Ich wohne auf der alten Ost-West-Grenze, also auf ehemaligem Mauergelände. Darauf steht jetzt ein Mietshauskomplex und mittendrin ein alter DDR-Grenzwachturm. Der graue Betonklotz wäre längst abgerissen worden, wenn ihn nicht ein Rentner besetzt und zu einem Museum für seinen ermordeten Bruder umfunktioniert hätte. Vor 50 Jahren, wenige Tage nach dem Bau der Mauer, war der junge Schneider Günter Liftin bei seinem Fluchtversuch erschossen worden. Seit 20 Jahren hält sein Bruder Jürgen die Erinnerung an ihn wach, indem er Privatführungen für Touristen, Studenten und Schüler veranstaltet. Fast jeden Morgen, wenn ich den Wachturm passiere, sitzt er auf einem Gartenstuhl vor dem Turm und wartet auf neue Besucher. Aber auch hier kommen mir Zweifel, ob der Begriff Treue zutrifft. Schließlich hat Jürgen Liftin seinem Bruder nichts versprochen und muss ergo auch keine Erwartungen erfüllen. Es handelt sich vielleicht doch eher um eine Mischung aus Gerechtigkeitssinn, Bekenntnisfreude und Sentimentalität.

Treue existiert zwischen Menschen, die sich nahestehen: Familienangehörigen, Freunden, Liebenden.

Wenn in Literaturklassikern positiv von Treue die Rede ist, geht es meistens um die zwischen Freunden, nicht um die zwischen Ehepartnern. Der Grund ist einfach: Die Ehepartner konnte man sich damals nicht aussuchen, geschweige denn sie austauschen, die Freunde schon. Manche Autoren, die das Hohelied der treuen Freundschaft sangen, empfanden die eigene Ehe als Last.

Bei Karl May, der in meiner Jugendzeit mein Freundschaftsideal prägte, war das der Fall. Erst erfand er eine optimierte Version von sich selbst, Old Shatterhand, dann das Pendant dazu: Winnetou. Im ersten Teil der Winnetou-Sage schließen sie Blutsbrüderschaft. Bei der Zeremonie ritzt Winnetous Vater Intschutschuna die beiden Männer mit seinem Messer, lässt das Blut in eine Wasserschale tropfen und proklamiert: »Die Seelen dieser beiden jungen Krieger mögen ineinander übergehen, dass sie eine einzige Seele bilden. Was Old Shatterhand dann denkt, das sei auch Winnetous Gedanke, und was Winnetou will, das sei auch der Wille Old Shatterhands.« Tatsächlich geht der Wunsch in Erfüllung. Es ist zwar ziemlich lange her, dass ich Karl Mays gesammelte Werke durchgelesen habe, aber ich bin mir meiner Erinnerung sicher: Der starke Sachse und der edle Apache haben sich nie wirklich gestritten: zwei Naturgutmenschen, die bis auf kleine Meinungsverschiedenheiten immer synchron dachten und agierten. Zugute kam ihnen, dass Karl May ein ausgeprägtes Harmoniebedürfnis hatte, seinen Helden deshalb keine Beziehungskrisen zumutete und Winnetou rechtzeitig sterben ließ, in den Armen von Old Shatterhand natürlich. Getestet wurde ihre Treue nie.

Im wirklichen Leben ist das anders. Freundschaften kommen und gehen, ohne dass wir von Untreue reden würden. Normalerweise hören Freundschaften nicht auf, wenn's am schönsten ist, sondern wenn es über einen längeren Zeitraum hinweg keinen Spaß mehr macht. Wenn ein Freund zum anderen sagt: »Wir müssen reden«, ist die Luft oft schon raus. Wir schließen ja auch keine Blutsbrüderschaften, sondern checken beim Bier oder beim Caffè Latte, ob die Chemie stimmt. Wir erstkontakten schnell, sind sofort beim Du und bezeichnen die andere Person schon bald als »guten Freund« von uns, einfach, weil sich das besser anhört als »guter Bekannter«.

Platonische Freundschaften unterscheidet von Ehen, dass:

- sie nicht »mono«, das heißt: nicht exklusiv, sind.
- sie nicht für das ganze Leben geschlossen werden.
- sie keinen fixierbaren Anfang und Schlusspunkt haben. Sie ergeben sich, sie entwickeln sich, und manchmal plätschern sie aus.
- vorab nichts garantiert wird und anschließend nichts reklamiert werden kann. Die Erwartungen bleiben unausgesprochen, die Hoffnungen sind diffus.
- keine existentiellen Abhängigkeiten bestehen. Freunde leben nebeneinander, nicht miteinander, schon gar nicht ineinander. Die wenigsten haben den Wunsch, körperlich, geistig und seelisch zu verschmelzen.

Natürlich ist es schmerzhaft, wenn Freunde, von denen wir gehofft haben, dass sie mit uns durch dick und dünn gehen, sich dünnemachen, wenn es dicke kommt. Aber gewöhnlich führt es nicht dazu, dass unser Herz bricht und unser Leben auf den Kopf gestellt wird. Das mag anders sein in Kriegs- und Katastrophenzeiten oder bei schwerer Krankheit, wenn man auf die Solidarität von Freunden angewiesen ist. Ich jedenfalls hatte noch wegen keinem männlichen Freund eine schlaflose Nacht, wegen Frauen schon viele.

Die größte und herausforderndste Treue ist die zwischen Liebenden. Diese Treue ist aber nicht nur eine Art Steigerung der Freundestreue. Sie ist Treue von einer anderen Qualität. Mich fasziniert nicht so sehr die kleine Treue der Freundschaft, die ich kenne und schätze, sondern die große Treue der Ehe.

Wenn Treue nicht nur eine Tugend, sondern auch ein Wert ist, bemisst sich dieser Wert am Einsatz, den man macht:

- an dem Versprechen, das man gibt, und an den Erwartungen, die man dadurch weckt;
- an der Freiheit, die man opfert, und am Spielraum, den man dadurch einschränkt;
- an der Bindung, die dadurch entsteht.

Alle Heiratsformeln, die ich kenne, haben zwei Dinge gemeinsam: Versprochen wird Liebe auf Dauer, das heißt: Präsenz, Permanenz, Intensität. Versprochen wird, dass man da ist, dass man dauernd da ist, dass man dauernd für jemanden da ist. Dies schafft einen angstfreien Entfaltungsraum für die Liebe. »Die vollkommene Liebe vertreibt die Furcht«, schreibt deshalb der Apostel Johannes in der Bibel.

Aus dem abstrakten Wert wird im Ehealltag eine konkrete Haltung, aus der Haltung ergibt sich ein konkretes Verhalten, aus dem Verhalten eine Eigenschaft bzw. eine verinnerlichte Haltung. Das ist es, was das Wort Tugend im ursprünglichen Sinn bedeutet: »verinnerlichte Haltung«. Die Tugend der Treue erwirbt man sich mit der Zeit.

Dabei ist die Tugend der Treue alles andere als einfach. Sie wird für gute und schlechte Zeiten versprochen, aber nur in schlechten Zeiten als Tugend aktiviert und sichtbar. Sie dient als Notstromaggregat, das anspringt, wenn die Liebe als natürlicher Energieerzeuger vorübergehend ausgefallen ist.

Ich kenne Ehepaare, die seit Jahren im roten Bereich operieren, die einander vor allem Mühe machen und Frust bereiten. Die Partner haben die Zähne zusammengebissen und kriegen kaum ein liebes Wort füreinander heraus. Schwer zu beurteilen, ob das Treue oder Duldungsstarre ist.

Manche Paare schaffen sich sogar Ventile, indem sie einander explizit das Fremdgehen erlauben, die Affäre oder den Besuch von Prostituierten. Da ist nur noch Dauer, aber von was? Von Liebe? Ist es das, was sich die Partner am Anfang versprochen haben? Ist das Treue?

Idealerweise stehen Liebe und Treue in einem positiven Wechselverhältnis: Die Liebe führt zur Treue, die Treue erhält die Liebe, die wiederum zu weiterer Treue motiviert. Eine Aufwärtsspirale. Wie bei meinem Onkel und meiner Tante. Sie wird seit vielen Jahren gequält von einer multiplen Sklerose, kann nur mühsam sprechen, sich fast gar nicht mehr bewegen. Aber sie hat meinen Onkel, der sie seit vielen Jahren pflegt, sie wäscht, sie füttert, sie herumträgt. Beklagt hat er sich noch nie. Es ist schließlich seine Frau. Seine Ehe. Er ist ein konsequenter Mann.

Ähnliche Beispiele für fürsorgliches Ausharren unter extremen Bedingungen gibt es viele. Der römische Historiker Tacitus, der kapitelweise die losen Sitten seiner Zeitgenossen geißelt, nicht zuletzt die »weibliche Geilheit«, führt als rühmliche Ausnahme die adligen Frauen seiner Zeit an, die ihren Männern in die Verbannung folgen, statt sich abzuseilen und anderen an den Hals zu werfen. Er attestiert ihnen »mannhafte Gesinnung«.

Solche Treue, die uns einen hohen Preis abverlangt, sagt weniger über unsere Kaufkraft aus als über den Wert und die Würde der anderen Person. Treue sorgt dafür, dass der Kurswert des Partners nicht täglichen Börsenschwankungen unterworfen ist, sondern stabil hoch bleibt, auch wenn sich bessere Alternativen bieten.

Beim Schreiben dieses Kapitels habe ich die Arbeit unterbrochen und bin von meiner Wohnung in Berlin-Mitte in den Südwesten der Stadt gefahren, in den noblen Kiez rings um Nikolassee. Ich bin in die Isoldestraße eingebogen, von da in die Tristanstraße, zwei Straßen, benannt nach den zwei schicksalhaft aneinandergeketteten Liebenden, die sich bis in den Tod die Treue halten. Aber deswegen war ich nicht hierhergefahren. Ich war auf dem Weg zu meinem persönlichen Monument der Treue. Ein paar Abzweigungen weiter kam ich in der Teutonenstraße an. Ich hielt vor der Nummer 23. Auf einer Anhöhe umringt von hohen Bäumen, steht ein weißgestrichenes Haus mit grünen, geöffneten Fensterläden. Die Eisentafel auf dem Gartenzaun verrät, wer hier von 1939 bis 1942 wohnte: Jochen Klepper. Er ist mein Held. Auch deshalb, weil wir einiges gemeinsam haben. Auch er kam aus einem Pfarrershaus und arbeitete als Journalist beim Berliner Rundfunk. Anders als ich hatte er auch Erfolg als Schriftsteller und als Liederdichter. Und er starb, bevor er so alt werden konnte, wie ich jetzt bin, mit 39. Klepper war mit einer Jüdin verheiratet, die zwei Kinder in die Ehe mitgebracht hatte. Einer Stieftochter gelang die Ausreise nach England. 1942 drohte ihm die Zwangsscheidung von seiner Frau Johanna (»Hanni«), die anschließend zusammen mit der Tochter Renate (»Renerle«) deportiert worden wäre. Am 8. Dezember notiert Klepper: »Gott weiß, dass ich es nicht ertragen kann, Hanni und das Kind in diese grausamste und grausigste aller Deportationen gehen zu lassen.« Am 9. Dezember hat Klepper eine Audienz bei Adolf Eichmann. Der Cheforganisator der »Endlösung« stellt ihm die Ausreise der Stieftochter nach Schweden in

Aussicht. Am 10. Dezember zieht Eichmann sein Angebot zurück. Klepper schreibt: »Wir sterben nun – ach, auch das steht bei Gott. Wir gehen heute Nacht gemeinsam in den Tod.« Die Familie schloss die Fenster und drehte das Gas auf. – Nicht weit vom Haus entfernt befindet sich das Gemeinschaftsgrab der drei. Daneben steht ein Gedenkkreuz, um das ein Dornenkranz geflochten ist. Eine harte Liebe, eine teure Treue. Nachzulesen ist die Geschichte in Jochen Kleppers Tagebuch, über 1000 Seiten kleingedruckte Erinnerungen. Jochen Klepper hält seine eigenen Grübeleien akribisch fest. Ein Gedanke, der ihm allerdings nie kommt, ist, untreu zu werden und die beiden Frauen ihrem Schicksal zu überlassen.

»Der Weise wird unter Umständen für den Freund sterben.« Das schrieb vor fast zweieinhalbtausend Jahren ausgerechnet der als Ur-Hedonist verschriene Philosoph Epikur. Die Treue bewirkt, dass der Freund bzw. der Partner für uns eine solche Bedeutung hat, dass wir unseren eigenen Tod nicht als größtes Opfer, sondern als größtes Geschenk begreifen.

Mein Fazit: Die Treue ist unter den Hilfstugenden die größte, weil sie die größte Tugend überhaupt, die Liebe, ermöglicht und erhält.

# mono oder poly?

## Die Natur der Treue

> »You and me, baby, ain't nothing but mammals,
> So let's do it like they do on the discovery channel.«
> *(Bloodhound Gang, The Bad Touch)*

Fast hätte ich neulich mein erstes polyamores Pärchen getroffen. Einen Mann und eine Frau, die dazu stehen, dass sie in der Liebe multitaskingfähig sind, also mehr als nur ihren Partner lieben. Eine Kollegin hatte mich zu einer Filmvorführung eingeladen, und ebenda sollten auch die zwei Polyamoren aufkreuzen. Die Kollegin wollte uns miteinander bekannt machen, als Recherchehilfe für mein Buch. Ich war schon gespannt und überlegte mir Fragen für die beiden Liebes-Exoten: »Wie ist das so, wenn …« Dann wurde ich leider krank, der Kontakt kam nicht zu stande.

Genau hier, am Anfang des Kapitels über die naturwissenschaftliche Dimension der Treue, wo ein süffiger Praxisbericht stehen sollte, klaffte eine Lücke. Also bin ich dahin gegangen, wo sich garantiert viele Polygame tummeln: in den Zoo.

Ich bekam allerdings wenig erotische Action geboten. Vielleicht lag es an der Tageszeit, kurz nach zwölf. Die Tiere waren frisch gefüttert und nicht scharf auf Rudelrammeln. Die Tieflandgorillas Ivo, Bibi und Mpenzi hatten sich in die entgegengesetzten Enden ihres Geheges verzogen und chillten in der Sonne. Der Panda Bao Bao kaute einsam an Möhren herum. Die Erdmännchen tummelten sich im Rudel. Beruhigend für mich und meine Ausgangsthese, nämlich dass Polygamie eher ins Tier- als ins Menschenreich gehört, war immerhin, dass ich kein Tierpaar beobachtet habe, das Händchen hielt oder sonstige Hinweise auf eine exklusive Zweierkiste lieferte.

Anders die Menschen vor den Gehegen: Die waren überwiegend in Paar-Konstellationen angerückt, was darauf hinwies, dass sie einen monogamen Lebensstil pflegten: Eltern oder Großeltern mit »Guck mal«-schreienden Kindern im Anhang.

Für die Lebewesen auf diesem Planeten gilt: Polygamie können alle, Monogamie fast nur wir. Die Polygamie unter Menschen ist, evolutionsbiologisch gesehen, ein Rückfall, regressiv und zutiefst reaktionär.

Kein Wunder, dass Bhagwan Ashrams und Freie-Liebe-Hippiekommunen so angesagt sind wie lila Latzhosen. Kein Wunder, dass Polyamorie – bis auf ein oder zwei französische Filme im Nachtprogramm von Arte – noch nicht mal auf dem Bildschirm stattfindet.

Kein Wunder, dass es sogar der an allerlei Bizarres gewöhnten *BILD*-Zeitung eine Seite 3 wert ist (21.10.2010), wenn drei Berliner – Franziska, Hinnerk und Dave – sich als »Fester Dreier« outen; allerdings geht es bei den drei Jung-Erwachsenen gar nicht chaotisch, sondern ziemlich preußisch zur Sache: an den geraden Tagen schläft Franziska bei Hinnerk, an den ungeraden bei Dave. Gähn.

Kein Wunder auch, dass Deutschlands prominentester Polyamorer seinen Lebensunterhalt mit Witzen verdient. Im Sommer 2009 zeigte sich Otto Waalkes von einer ungewohnten Seite: als überzeugter Libertin. Er heizte den Lesern von Boulevardzeitungen mit dem

Bekenntnis ein, dass er eine »offene Beziehung« pflegt. »Wir gehen fremd, und das ist auch gut so«, titelte eine Gazette. Otto, immer noch rüstig im Lendenbereich, obwohl schon fast im Rentneralter, outete sich und seine Frau als Fremdgeher, die der simplen Logik folgten: »Wenn du das Verlangen hast, musst du dem nachgeben. Wenn du dich dagegen sperrst, wirst du unglücklich.« Ich habe die Leute beobachtet, die die Zeitung gekauft haben. Sie überflogen die Überschriften, schüttelten den Kopf, grinsten und blätterten zum Sportteil weiter. Theodor Weißenborn war es, der das unsterbliche Bonmot erfand: »Eine offene Ehe ist eine Ehe, die nicht geschlossen ist.«

»Monogamie ist auch keine Lösung«, blaffte vor einiger Zeit eine junge Frau, die gerade in den Parteivorstand der Grünen gewählt worden war und in einer sexuell aufgeschlossenen Kommune lebte. Manche Medien hypten die Geschichte zum Zukunftstrend. Aber nach ein paar Tagen verschwand das Thema wieder aus den Zeitungen und ein paar Jahre später die Frau aus dem Vorstand. Jetzt müssen wieder Tantralehrer und Sexgurus im TV als O-Ton-Geber für die nicht totzukriegende These herhalten, dass die Viel-Liebe eigentlich schwer im Kommen ist und dass die meisten Menschen am liebsten ihren Instinkten folgen und es halten wie die Mormonen, als die noch nicht angepasst auf Ein-Ehe machten, statt sich ins Korsett einer rigiden Sexualmoral pressen zu lassen.

Am 21. Jahrhundert schätze ich, dass wir unsere Moral nicht mehr auf die Basis von Traditionen, auch nicht auf die der Vernunft stellen müssen, sondern auf die von Fakten. Die Spezies Homo sapiens hat sich mittlerweile ganz gut selbst durchleuchtet. Jeden Tag kommt aus irgendeinem Labor oder Institut ein neuer Zwischenbericht zum Großexperiment Mensch und zu dem, was uns von anderen Lebewesen unterscheidet.

Die Faktenlage sieht so aus:

Von den Säugetieren sind 97 Prozent polygam. Zu den wenigen Ausnahmen gehört die Präriewühlmaus, die vor allem in Kalifornien beheimatet ist, was nebenbei auch die Frage beantwortet, zu welcher Mäuseart Micky Maus gehört. In mittlerweile über 400 Lustigen Taschenbüchern sind keine außerehelichen Affären dokumentiert, Micky lebt mit Minnie (eigentlich: »Minerva«) Maus in einer geschlossenen Partnerschaft; es muss sich also um eine Präriewühlmaus handeln. Dagegen sind Enten polygam orientiert, was wiederum erklärt, warum die Beziehung zwischen Donald Duck und Daisy weit stressreicher verläuft.

Bei der Säugetier-Untergruppe der Primaten, zu denen neben den Menschen vor allem die Affen gehören, schrumpft der Anteil der Polygamen auf 85 Prozent.

Und damit sind wir bei den am weitesten entwickelten Lebewesen: uns selbst. Für uns gilt: Die Einehe ist der Standard, die Vielehe die große Ausnahme. Und von den Menschen, die monogam liiert sind, gibt nur eine Minderheit zu, schon einmal fremdgegangen zu sein. Der Anteil schwankt, je nachdem, ob die Umfragen von Kondomherstellern in Auftrag gegeben worden sind oder nicht, zwischen 50 und 10 Prozent. Heißt:

Die Masse lebt monogam.

Die Klasse ganz besonders.

Neuen wissenschaftlichen Studien zufolge gibt es nämlich einen Zusammenhang zwischen Intelligenz und Beziehungsfrequenz. Je besser gebildet Menschen sind, desto später werden sie sexuell aktiv und desto weniger promiskuitiv verhalten sie sich. Psychologen erklären das damit, dass intelligente Menschen eher fähig sind, ihren Willen zu kontrollieren.

Wenn die Versuchung kommt, gilt: Der Klügere gibt nicht nach.

Eheskeptiker kontern manchmal damit, dass von allen uns bekannten menschlichen Kulturen über 80 Prozent die Vielehe erlauben oder sogar vorschreiben. Das stimmt. Solche Kulturen findet man zuhauf: im Dschungel, in der Wüste, in abgelegenen Gebirgsregionen oder in den Universitätsbibliotheken, vor allem in den Büchern mit den Etiketten »Ethnologie« und »Archäologie«. Je weiter man in der Menschheitsgeschichte zurückgeht, umso mehr Beispiele von Polygamie findet man. Sie hat sich aber nicht durchgesetzt, genauso wenig wie der Regentanz oder die Sklaverei.

Der Langzeittrend geht in Richtung Monogamie und, zumindest dem Bestreben nach, in Richtung 3L – lebenslängliche Liebe.

Einige Unverbesserliche halten mit biologischen Argumenten dagegen und versuchen, die Menschen wieder zum Affen zu machen. »Treue ist biologisch nicht vorgesehen«, konstatiert das Jungerwachsenen-Leitmedium *Neon:* »Mit der Treue verhält es sich wie mit der Schöpfungsgeschichte. Die Realität sieht anders aus, die Fakten sprechen dagegen – aber trotzdem halten sich viele von uns an diese phantastische Konstruktion, damit die Welt nicht noch trauriger, einsamer und dunkler erscheint.« Die Idee der Treue: ein Mythos, ein Relikt, letztendlich ein Irrweg, weil sie uns in eine dauerhafte kognitive Dissonanz zwischen dem, was wir sollen, und dem, was wir können, zwingt?

Lars Eidinger, Schauspielstar an der Berliner Schaubühne und »Alle anderen«-Hauptdarsteller in dem Leinwand-Beziehungsdrama, bekannte im Interview mit der *ZEIT:* »Ich kenne keinen einzigen Mann, der nicht seine Frau betrügt.« Den Einwand, dass das vielleicht an seinem Milieu liegen könnte, entkräftete er vorweg mit der universalistischen Einsicht: »Monogamie ist doch nur ein kulturelles Konzept, um unsere Gelüste zu kappen. Das ist genauso, als ob mir jemand droht, ich kriege Rückenmarksschwund, wenn ich masturbiere.«

Ich behaupte, dass Monogamie ein Konzept der Natur ist, um unsere Gelüste zu kanalisieren. Es stimmt zwar, dass uns die Natur nicht zur Treue zwingt. Aber sie drängt uns sanft in die Richtung. Die biochemischen Grundlagen sind jedenfalls vorhanden, zwar nicht als einzelnes Treue-Gen, aber als Treue-Hormoncocktail. Wenn Menschen Sex haben, produzieren sie das Hormon Dopamin, das in Ekstase versetzt und Lust aufs nächste Mal macht. Sie produzieren aber auch das Hormon Oxytocin, flapsig als Kuschelhormon bezeichnet, das Lust aufs nächste Mal mit derselben Person macht. Oxytocin sorgt nicht nur für Entspannung, sondern schafft auch noch neuronale Vernetzungen zwischen beiden Partnern: gesteigertes Vertrauen, stärkere Bindung, Beziehung eben. Nicht von ungefähr wird Oxytocin auch als Medikament gegen pathologische Bindungsstörungen wie Schizophrenie und Autismus eingesetzt. Oxytocin wird übrigens nicht nur beim Sex, sondern auch beim Austausch von Zärtlichkeiten ausgeschüttet; es sollen schon 20-sekündige Umarmungen reichen. Bei Männern kommt auch noch das Hormon Vasopressin zum Einsatz und sorgt dafür, dass die Chemie langfristiger stimmt.

Während Männer und Frauen allmählich voneinander Besitz nehmen, wird noch ein psychischer Beziehungsschutzmechanismus wirksam: die Verlustaversion: Wir verlieren nicht gerne, was wir haben, vor allem dann nicht, wenn wir schon viel investiert haben. Anders formuliert: Wenn unsere Hirne weit genug sind beim Download der anderen Person, zögern wir mit der De-Installation oder fürchten, dass der andere die Delete-Taste drückt. Das führt dann zur Eifersucht.

Übrigens schützt auch Polygamie nicht vor Eifersucht. Im Gegenteil. Das Buch zum Thema »Eifersucht«, das in der deutschen Übersetzung auch noch so heißt, hat ausgerechnet eine bekennende Nymphomanin geschrieben. Für die französische Kunstjournalistin Catherine Millet, die vorher ihre »Sexuellen Bekenntnisse« veröffentlicht und damit für einen kalkulierten literarischen Skandal gesorgt hatte, haben Liebe und Sex wenig miteinander zu tun. Sie sagt von sich, dass bei ihr Körper und ihr Geist losgekoppelt voneinander funktionieren. Ähnlich äußern sich auch Pornodarsteller; sie bringen – genau wie Prostituierte – vielfach Missbrauchserfahrungen mit ins Sexbusiness; ich weiß das von einem Bekannten, der in Los Angeles eine Kirche (»XXXChurch«) für Angestellte der Pornoindustrie gegründet und mich in meinem Verdacht bestätigt hat: Wer seinen Körper zur Lustressource degradiert, ist bereits seelisch amputiert und für bestimmte Gefühlsregungen gar nicht mehr empfänglich. Eifersucht gehört allerdings nicht dazu. Catherine Millet, die sich bei Swingerpartys von Hunderten, vielleicht sogar Tausenden von Männern penetrieren ließ, litt jahrelang unter heftigen Eifersuchtsattacken. Die Vorstellung, ihr Ehemann Jacques könnte sich in eine andere Frau verlieben, führte bei ihr zu Schlaflosigkeit, Herzrhythmusstörungen, Wahnvorstellungen, Wutausbrüchen, schließlich stiller Verzweiflung. Dass Jacques mit vielen anderen Frauen schlief, störte sie nicht so sehr. »Ich machte nun die Erfahrung«, schreibt sie, »wie man leidet, wenn man an der Person zweifelt, die im Mittelpunkt der eigenen Gedanken steht, wie man leidet an dem, was man sich zusammenfabuliert, um die vermeintlichen Lücken im Leben des anderen zu schließen, aber auch an der unerfüllten Erwartung, in der man verharrt und die das gesamte Denkvermögen lähmt, ganz gleich wie wahnhaft dieses auch sein mag. Wir leiden unter unserer Vorstellungskraft und manchmal sogar unter unserem Mangel an Vorstellungskraft.« Drei Jahre lang dauert die große Eifersuchtskrise, ausgelöst durch den intimen Inhalt eines Briefs: »Der Ablauf einer Krise war immer gleich. Entweder hatte mein Spionieren ein neues Detail aus Jacques' mythischem Leben zutage gefördert, oder ein unbedeutender Vorfall erinnerte mich brutal an eine Episode oder eine Person. Beides drängte sich mir auf wie eine Halluzination.«

Eifersucht liegt im Trend. Wir werden immer mobiler und flexibler und freizeitorientierter, haben also mehr Gelegenheiten, fremdzugehen. Gelegenheit macht Diebe, aber auch Opfer, und Opfer will keiner sein.

Andererseits wollen wir andere nicht zu Opfern unserer Freiheitsliebe machen, am wenigsten die Menschen, die wir lieben. Die Theorie von den egoistischen Genen, die unser Verhalten steuern, ist überholt. Was uns Menschen von anderen Lebewesen unterscheidet, sind zwei Fähigkeiten: die Vorstellungskraft und das Mitgefühl.

»Ich denke, also bin ich«, stimmt nur zur Hälfte. Er-gänzend hinzu kommen muss der Satz: »Ich fühle mit, also bin ich Mensch.« Der Mensch ist manchmal tat-sächlich des Menschen Wolf, noch öfter und lieber aber dessen gute Fee. Gerade jetzt, in Zeiten von Wäh-rungsturbulenzen und Finanzmarktvertrauenskrisen, schwappt eine Wir-Welle über uns hinweg.

Wir ist in wie nie.

Das Ich-Zeitalter, die achtziger und neunziger Jahre, sind vorbei, die Gordon Gekkos der Wallstreet haben sich dem neuen Trend angepasst und machen mittler-weile auf Gutmensch, wie in dem Film »Wallstreet: Geld schläft nie« (Regie: Oliver Stone, USA 2010). Der Pop-Philosoph Richard David Precht lehrt »Die Kunst, kein Egoist zu sein«, der Freizeitforscher Horst Opa-schowski nennt sein neuestes Buch »Wir« und setzt dahinter ein dickes Ausrufezeichen und die Unterzeile: »Warum Ichlinge keine Zukunft mehr haben«. Der Evolutionsbiologe Frans de Waal ruft das »Zeitalter der Empathie« aus und versichert: »Unsere Körper und Gehirne sind für das soziale Leben konstruiert, und wir verzweifeln in der Isolation.« Er behauptet weiter: »Sicherheit ist der erste wichtigste Grund des sozialen Lebens. […] Menschen bewerten nichts höher als Loyalität.« Vom »Sinn des Gebens« handelt das neue Buch des Wissenschaftsjournalisten Stefan Klein, der beschreibt, »warum Selbstlosigkeit in der Evolu-tion siegt und wir mit Egoismus nicht weiterkommen«, und der die These vertritt, dass nett gewinnt: »Charak-terzüge wie Freundlichkeit, Sanftmut und Hilfsbereit-schaft entstanden, weil sie ihren Trägern im Konkur-renzkampf der Evolution einen Vorteil verschaffen.« Survival of the Kindest. Ich würde den Charakterzug der Treue ergänzen. Wir sind treu, weil wir die Qualen ahnen, die Untreue unseren Mitmenschen bereitet.

Allerdings ist die Sensibilität für die Gefühle unserer Mitmenschen nicht geschlechtsneutral verteilt. Die Frauen liegen hier vorne. Und die Männer sind deshalb, wenn es um Treue geht, eher Schweine. Biologisch gesehen. Das wussten schon die großen Dichter:

>Klagt, Mädchen, klagt nicht ach und weh,
ein Mann bewahrt die Treue.
Am Ufer halb, halb schon zur See, reizt,
lockt sie nur das Neue.«
*Shakespeare, Viel Lärm um nichts*

>Wir sind vor keinem Männerherzen sicher,
das noch so warm sich einmal uns ergab.
Doch Schönheit ist vergänglich,
die ihr doch allein zu ehren scheint.«
*Goethe, Torquato Tasso*

Gerade habe ich eine neue Biographie über einen meiner Lieblingsschauspieler, Warren Beatty, gelesen. Über 500 Seiten hatte das Buch und Beatty angeblich viermal so viele Frauen im Bett. Exzeptionell eloquent beim Flirten soll er gewesen sein, aber äußerst mundfaul, geradezu sprachgestört, wenn er die drei Worte »Ich liebe dich« in den Mund nehmen sollte. Von ihm ist der Spruch überliefert: »Frauen sind wie ein Glas mit Oliven. Man kann es aufmachen, eine Olive herausnehmen, sie essen und das Glas wieder zumachen. Oder man kann alle Oliven essen.« In seinem Fall eher eine ganze Feinkostabteilung. Geschadet hat das seinem Ruf nicht. Er und seine Brüder im Geiste werden gefeiert als »Männer, die Frauen lieben«, während es richtiger heißen müsste: Männer, die Frauen benutzen und verschleißen.

Männern wird Untreue eher verziehen als Frauen. Männern wird attestiert, dass sie »eher polygam« veranlagt sind.

Ich bin mit dieser maskulinen Selbsteinschätzung zum ersten Mal in einer Hautklinik in Davos konfrontiert worden. Ich war 18, litt an Neurodermitis und verbrachte mit den anderen »Juckis und Schuppis«, wie wir uns nannten, viele lange Stunden im Gespräch über Frauen. Ein paar ältere Herren, die angeblich herumgekommen waren, klärten mich auf: »Männer sind von der Natur nicht zur Treue geschaffen.« Obwohl sie verheiratet waren, hätten sie gerne den Beweis dafür angetreten. Was sie hinderte, war erstens die frühe Einschlusszeit (22 Uhr) und die blaue Farbe, die viele von ihnen zu Heilzwecken ins Gesicht und auf die Hände gemalt bekommen hatten, nicht gerade das ideale Make-up, um die lokale Weiblichkeit zu verführen.

*Boys Will Be Boys,* aber wehe *Girls Just Wanna Have Fun.* Diese Doppelmoral zeigt sich auch in einigen Werken der Weltliteratur: Wie in der folgenden Geschichte, die sehr bekannt ist, die aber trotzdem kaum einer kennt. Zumindest nicht so:

Ein Diktator, der sich einen gigantischen Privatpuff hält, ertappt seine Frau beim Fremdknutschen mit einem Angestellten. In einem Eifersuchtsanfall ermordet er beide und startet dann einen beispiellosen Rachefeldzug gegen das weibliche Geschlecht. Jeden Tag lässt er sich ein sexuell noch unerfahrenes Mädchen organisieren, vergewaltigt es und lässt dem winselnden Teenager von seinen Henkern dann den Kopf abschneiden. Fast drei Jahre lang dauert der Blutrausch, bis fast alle jungen Frauen des Landes geschändet und hingemetzelt worden sind. Endlich gelingt es einer Todgeweihten, dem irren Diktator Lust auf eine zweite Nacht zu machen: nicht durch ihre Liebeskünste, sondern durch eine Geschichte, die sie auf der narrativen Klimax unterbricht. Fast drei Jahre lang hält sie ihn mit weiteren Cliffhangerstories hin und bringt währenddessen auch noch drei Söhne zur Welt. Nach 1001 Nächten des Redens und Zitterns wird die schöne Scheherezade begnadigt. Dass die Geschichte nicht den Titel »Arabian Psycho« hat, sondern »Märchen aus 1001 Nacht«, zeigt die ganze Schieflage auf.

Ist es tatsächlich so, dass Männer nicht anders können, als auch mal anders zu können, während Frauen tendenziell eher naturtreu sind?

Bejaht wird das von der amerikanischen Neurowissenschaftlerin Louann Brizendine. Sie hat ein dickes Buch mit kleinen Buchstaben über das »weibliche Gehirn« geschrieben und darin dessen Beziehungsorientierung hervorgehoben. Inzwischen hat sie auch ein Buch über das »männliche Gehirn« veröffentlicht, dünner und mit großen Buchstaben, weil über das Männerhirn offenbar nicht so viel zu sagen ist. Das Wesentliche steht schon im Klappentext:

> *»Das männliche Gehirn ist eine schlanke, fiese Problemlösungsmaschine, die analytische Hirnstrukturen, nicht emotionale, nutzt, um Lösungen zu finden; es entfaltet sich in Wettbewerbssituationen, spielt instinktiv brutal, ist besessen von Rang und Hierarchie und verfügt über ein Sexphantasien-Areal, das zweieinhalb Mal so groß ist wie das des weiblichen Gehirns.«*

Nimmt man andere wissenschaftliche Befunde dazu, ergibt sich die folgende halbwegs sichere Faktenlage:

- Männer sind spontaner zu sexuellen Abenteuern bereit. Das ist das Ergebnis des mittlerweile vielzitierten »Would-You-Go-To-Bed-With-Me-Tonight«-Tests. Auf die Frage »Würdest du heute Nacht mit mir schlafen?«, gestellt von einem attraktiven Repräsentanten des jeweils anderen Geschlechts, antworteten mit »Ja«: rund 75 Prozent der männlichen Studenten und sage und schreibe 0 (!) Prozent der weiblichen Studenten.
- Männer sind auch dann verführbar, wenn sie glücklich liiert sind, Frauen nicht. – Sehen Männer, die in einer stabilen Partnerschaft leben, eine schöne Frau, fühlen sie sich sexuell angezogen, sehen stabil gebundene Frauen einen attraktiven Mann, löst das sogar Abwehrreaktionen aus. Ganz ohne sind die Frauen aber auch nicht: Männer sind eher dazu bereit, aus einer intakten Beziehung auszubrechen, Frauen eher dazu, in eine intakte Beziehung einzubrechen. Schließlich hat der glücklich liierte Mann bereits seine Beziehungsfähigkeit demonstriert und passt damit ins weibliche Beuteschema.
- Männer sind optisch manipulierbarer. Ein triviales Beispiel: je vollbusiger eine Frau, desto größer ihre Chancen, als Anhalter mitgenommen zu werden. Das ist keine Mutmaßung, sondern Ergebnis einer Universitätsstudie.
- Männer lassen sich eher auf One-Night-Stands ein, Frauen eher auf längere Affären.
- Männer fühlen sich nach einem One-Night-Stand überwiegend wohl, Frauen überwiegend unwohl.

- Männer fürchten die sexuelle Untreue ihrer Partnerin mehr als deren emotionale Untreue; vermutlich liegt das an der vererbten Angst vor einem »Kuckuckskind«. Bei Frauen ist es umgekehrt.
- Männer sind eher sexsuchtgefährdet als Frauen. Vier von fünf als »sexsüchtig« diagnostizierten Menschen sind Männer. Allerdings ist der Gesamtanteil der Sexsüchtigen an der Bevölkerung geringer als gemeinhin angenommen. Er liegt bei unter 1 Prozent. Sexsucht wird überschätzt.
- Männer schlagen ihren Partnerinnen öfter eine »offene Beziehung« vor als umgekehrt.
- Männer, die in einer schwulen Beziehung leben, sind ihren Partnern zu nicht einmal 20 Prozent treu. Frauen, die in einer lesbischen Beziehung leben, zu fast 80 Prozent.
- Bei Frauen, so hat der Evolutionspsychologe David Buss ermittelt, gibt es 237 Gründe, um Sex zu haben; Buss zufolge wird der Sex von Frauen oft nicht für, sondern gegen etwas eingesetzt: gegen Selbstwertprobleme, gegen Einsamkeit, gegen Migräne. Bei Männern gibt es vor allem einen Grund für Sex: Sex.
- Männer leiden eher an ADHS (Aufmerksamkeitsdefizit-Hyperaktivitäts-Störung) und Autismus bzw. an Konzentrationsstörung und Empathiemangel.

Seit Adam und Eva verhalten sich Frauen beziehungsorientierter – behauptet auch Mark Twain. Er hat in seinen nicht ganz ernstgemeinten »Tagebüchern von Adam und Eva« versucht, sich in die ersten Menschen hineinzuversetzen. Adam beginnt sein Tagebuch kurz nach Evas Erschaffung. Er beklagt sich darüber, dass Eva – er nennt sie »das Geschöpf« – ihn mit allerlei

Neuerungen nervt. Und mit ihrem Vokabular. Adam meckert: »›Wir‹ – schon wieder! Das Wort stammt von dem Geschöpf, und ich habe es vom vielen Hören nun auch schon angenommen.«

Frauen sind eher darauf programmiert, das »Ich« und »Du« zum »Wir« zu fusionieren, Männer eher darauf, das »Du« zum »Es« zu degradieren. Auch in diesem Sinne kann man sich nur darüber freuen, dass das 21. Jahrhundert das weiblichste bisher zu werden verspricht.

Eher Männersache war es, die Menschen aus dem Dschungel zu holen.

Eher Frauensache ist es, den Dschungel aus den Menschen zu holen.

Das nennt man auch Kulturarbeit.

# Gute Zeiten, geile Zeiten

## Die Kultur der Treue

**D**as Jagdschloss Grunewald ist ein beliebtes Ausflugsziel für Familien. Wenn die wüssten! Schon am Parkplatz warnt ein Schild: »Wild im Wald seit 1871.« Wer bei »Wild« an Rehbraten denkt, hat nicht das Enthüllungsbuch des Historikers Wolfgang Wippermann gelesen. Der hat einen veritablen »Skandal im Jagdschloss Grunewald« aufgedeckt. Danach trafen sich hier gegen Ende des 19. Jahrhunderts Angehörige des Hochadels, darunter womöglich die Schwester des Kaisers, zu ungezügelten Sexspielen: Frauen mit mehreren Männern, Männer mit Männern, Frauen mit Frauen. Die meisten von ihnen waren verheiratet. Anschließend wurden sie von einem anonymen Teilnehmer erpresst, der heimlich mitfotografiert hatte. Von wegen wilhelminische Moral und preußische Tugend. Heute dient das Jagdschloss manchmal als Kulisse für Open-Air-Theaterstücke. Als ich zuletzt da war, haben sie »Offene Zweierbeziehung« von Dario Fo aufgeführt. Ironie der Geschichte.
Solche Anekdoten passen nicht ins Bild der biederen, loyalen Deutschen. Jahrhundertelang galten wir bei unseren Nachbarn als Treue-Weltmarktführer und ha-

ben uns auch selbst so gesehen. Schöngeister und Partykönige waren die anderen, die frivolen Franzosen, die hitzigen Italiener, die exzentrischen Engländer. Schon vor 2000 Jahren hatte Tacitus über die Germanen geschrieben: »Überaus selten ist der Ehebruch. Gleichwohl halten die Germanen auf strenge Ehezucht, und in keinem Punkte verdienen ihre Sitten größeres Lob. Denn sie sind fast die einzigen unter den Barbaren, die sich mit einer Gattin begnügen.«

In den »Nibelungen« sagt Giselher, der Jüngste des Burgunderclans: »Man findet an mir keinen, der einem Freund die Treue bricht.« Am Ende liegen er und seine Verwandten tot am Boden. Als sie die »Nibelungen« am Deutschen Theater in Berlin aufführten, ließ der Regisseur eine Blutdusche über die Männer herunterregnen. Sie wälzten sich darin, bis sie ausgeröchelt hatten. Besser leblos als treulos.

Die Haltung machte offenbar Eindruck im Ausland, wo man zwar über die prolligen Manieren und die ungezügelte Fresssucht der Alemannen lästerte, ihnen aber hohe Family Values bescheinigte. Martin Luther behauptete: »An uns Deutschen rühmt man keine Tugend so hoch wie die, dass wir treue, wahrhaftige, beständige Leute sind.« Goethe kam zu dem Schluss: »Bei der Charakteranlage der Germanen ist die Treue die notwendige Vollendung der Menschlichkeit.« Der französische Schriftsteller Stendhal fragte sich: »In welchem Lande der Welt gibt es die meisten glücklichen Ehen?«, und hat auch gleich eine Antwort parat: »Zweifelsohne im protestantischen Deutschland.«

Protestantisch waren aber auch die Preußen, zumal die Aristokratie. Und da ging es, wie oben beschrieben, auch schon mal in fremden Betten zur Sache. Wenn die

Orgien damals aber publik geworden wären, hätten sie sich nicht aus der Affäre ziehen können wie heute Paris Hilton nach der Veröffentlichung ihres Sextapes. Denn die Masse dachte und lebte wertkonservativ. Im 19. Jahrhundert waren 90 Prozent der erwachsenen Bevölkerung unter der Haube, die Quote der außerehelichen Geburten niedrig und die soziale Kontrolle streng. Noch »lebte« das System, weil es ein spirituelles Herz hatte: Bibel, Glaube, Bekenntnis. Irgendwann pumpte dieses Herz nicht mehr genug Blut in die gesellschaftliche Bahn. So gefror, was einmal eine von innen kommende »Haltung« war, zur äußerlichen Fassade. Wenn dann die soziale Kontrolle wegfiel, fiel mehr. Hemmungen zum Beispiel, wie im Jagdschloss Grunewald. Treue, das sieht man, ist nicht nur eine Frage der Natur, sondern der Kultur. Die Natur macht uns ein Basisangebot, die Kultur ist für den Upgrade zuständig. Oder den Downgrade.

Bei Diskussionen um Sex und Moral höre ich oft den Satz: »Die Menschen waren schon immer so.« Aber die Verhältnisse waren nicht immer so. Wie wir uns verhalten, hängt weniger von unseren Einstellungen und Anstrengungen ab als von den Verhältnissen, in denen wir leben. Ich bin nicht gerne einer Meinung mit dem Rapper Bushido, aber wo er recht hat, hat er recht. Sein Film über sich selbst heißt: »Zeiten ändern dich«. Wahre Worte. Wer wir sind, ist, wo wir sind. Soll heißen: In manchen sozialen und zeitlichen Kontexten lebt es sich leichter treu als in anderen.

Die gute Nachricht: Der Vektor der Menschengeschichte zeigt insgesamt in eine gute Richtung. Deshalb bin ich auch Kulturoptimist. Wir Menschen haben bewiesen, dass wir lernfähig sind. Am Ende, nach vielen Versuchen und manchen grausamen Fehlversuchen, setzt sich die Qualität durch. Deshalb verfügen wir heute über Aspirin, Elektroautos, Arbeitnehmerschutz, Demokratie … und die Einrichtung der Ehe, dem Premiumbeziehungsmodell überhaupt.

Erfunden haben wir sie natürlich nicht.

Wann genau Menschen anfingen, sich Ringe überzustreifen, laut »Ich will« zu sagen und später Brautsträuße zu werfen, ist schwer zu sagen. Die alten Ägypter waren jedenfalls diejenigen, die Eheringe einführten. 5000 Jahre soll das her sein. Die Babylonier zeigten ihre Wertschätzung der Ehe darin, dass sie ein ausgefeiltes Heiratsvermittlungsprogramm auflegten. Sie versteigerten die schönsten Frauen und legten den Erlös bei den hässlichen Frauen als Mitgift drauf. So bekamen sie komplette Jahrgänge vom Markt. Das berichtet der griechische Historiker Herodot. Die öffentlich-rechtliche Ehevermittlung hatte allerdings ihre Tücken. Anschließend musste jede Ehefrau sich einmal als Tempelhure für einen sakralen Quickie zur Verfügung stellen. Was die Unattraktiven unter ihnen wieder in ein Dilemma brachte. Sie warteten manchmal monatelang auf einen Freier.

Diese heidnische Praxis wiederum störte die Hebräer, die im babylonischen Exil gelandet waren und die dort an ihren strengen Ehevorschriften festhielten. Das hatten sie allerdings nicht immer getan. »Es ist keine Treue und keine Liebe im Lande«, lässt Gott im Alten Testament den Propheten Hosea schimpfen, »Verfluchen, Lügen, Morden und Ehebrechen haben überhandgenommen.« Zumindest die israelischen Könige praktizierten Vielweiberei. Nicht nur mit der Monogamie, auch mit dem Monotheismus haperte es bei den Israeliten. Zur Strafe wurden sie von Gott für ein paar Generationen aus dem Land vertrieben. Konsequent monogam lebten die Juden noch nicht einmal zu Zeiten von Jesus, sonst hätte der Apostel Paulus die ersten Christen, überwiegend Juden, nicht ermahnt, dass jeder gefälligst nur eine Ehefrau haben solle.

Echte Imageprobleme, wenn es um Ehekompetenz geht, haben bis heute die alten Griechen. Oben auf dem Götterolymp ging es zu wie in der Playboy Mansion, und in der irdischen High Society priesen Päderasten die Knabenliebe als die leidenschaftlichste. Sie war mindestens die teuerste, denn es waren vornehmlich die Aristokraten, die sich einen Callboy leisten konnten. Am Rand der »Gymnasien« flanierten die antiken Lustsäcke und kauften sich mit Geschenken einen knackigen Bronzeknaben. Platon, der Philosoph, beschönigt die widerwärtige Praxis: »Deshalb wenden sich denn auch die von diesem Eros Beseelten dem männlichen Geschlechte zu, indem sie das von Natur Kräftigere und Verständigere lieben. Und man kann auch bei der Knabenliebe selbst leicht die rein von diesem Eros Getriebenen unterscheiden; denn sie lieben nicht Kinder, sondern erst die, welche schon zu Verstande kommen; dies fällt aber ungefähr mit der Zeit des ersten Bartwuchses zusammen.«

Die Wirklichkeit war natürlich anders. Durch Knabenliebe pflanzt man sich nicht fort. Auch für die alten Griechen war eheliche Treue ein hoher Wert. Das berühmteste griechische Epos, die Ilias, beginnt schließlich damit, dass ein trojanischer Prinz dem spartanischen König dessen Frau Helena ausspannt, was zur militärischen Mobilmachung des gesamten Kulturkreises führt. Die monogame Gesamtausrichtung der Griechen kann man auch aus der Komödie »Lysistrate« von Aristophanes herauslesen. Hier treten die Frauen Athens in den Sexstreik, um die Männer zum Friedensschluss mit Sparta zu zwingen. Der Bettenboykott wirkt. Die Männer strecken die Waffen. Die alten Verhältnisse sind wiederhergestellt, und die sehen so aus: »Da stellt euch her: zu jedem Weib ein Mann, zu jedem Mann ein Weib.«

Zur vertraglich abgesicherten Rechtsform wurde die Ehe von den Römern weiterentwickelt. Das änderte nichts daran, dass die Scheidungszahlen hoch- und die Geburtenraten runtergingen, während sich vor den Toren Roms immer mehr Barbarenvölker drängelten und das Imperium 410 endgültig zum Einsturz brachten. Ob tatsächlich die lockeren Sitten, die sprichwörtliche »spätrömische Dekadenz« (Guido Westerwelle), den Untergang Roms herbeiführten, ist bis heute umstritten.

Jedenfalls predigte die neue Macht am Tiber, die Kirche (machtvoll zunächst nur in geistlichen, bald auch in weltlichen Angelegenheiten) radikale Sittenstrenge. Vor rund 1000 Jahren wurde die Ehe von der Kirche als exklusive und unauflösliche Vereinigung von Mann und Frau zum heiligen Sakrament aufgewertet.

Obwohl auch die Kirche forderte, dass beide Partner freiwillig in die Ehe gingen, ja der freie Ehekonsens zum Kriterium der Gültigkeit einer sakramentalen Ehe erhoben wurde, war es noch ein weiter Weg bis Marianne Rosenberg. Das freie Ja zweier Herzen, die sich gefunden hatten – das war immer noch die Ausnahme und die arrangierte Ehe gängig. Sexy war anders, sexy war woanders, außerhalb der Ehe. Minnesänger phantasierten laut über die verbotene Liebe zu verheirateten

Frauen. In den drei größten Literaturwerken des Spätmittelalters wimmelt es von Ehebruchgeschichten. In Boccaccios »Dekameron« und Chaucers »Canterbury Tales« haben die Beteiligten ihren frivolen Spaß, in Dantes »Göttlicher Komödie« schmoren sie dafür in der Hölle.

Ebenfalls im 14. Jahrhundert wurde zum letzten Mal in Westeuropa ein Gottesurteil durchgeführt. 1386 kämpften in Paris ein Ritter und ein Knappe auf Leben und Tod miteinander. Der Ritter behauptete, der Knappe habe seine Ehefrau vergewaltigt; der Knappe beharrte auf einvernehmlichen Beischlaf. Die Fakten sprachen für ihn: Die Frau war schwanger geworden, und nach damaligem Verständnis war das nur möglich, wenn sie beim Geschlechtsverkehr Lust empfunden hatte. Im Zweikampf siegte allerdings der Ritter. Die Ehre der Ehefrau war wiederhergestellt. Sie musste nicht, wie damals Sitte, verbrannt werden.

Etwa hundert Jahre später schrieb der gelernte Raubritter Thomas Mallory die berühmteste Version der Artus-Sage. Im Mittelpunkt stehen, neben den Abenteuern der Tafelrundenritter, zwei Romanzen, die ihren Reiz wiederum aus dem Verbotenen ziehen: Tristan und Isolde, Lanzelot und Guinevra. Es geht um ritterliche Singles, die verheirateten Frauen verfallen – und zwar lebenslang. Gerade darin sah Thomas Mallory einen Beweis besonderer Treue. Über seine Zeitgenossen schimpfte er: »Schnell heiß, schnell kalt. Früher war die Liebe anders, damals gab es Liebe und Beständigkeit.«

Mediävisten verweisen darauf, dass die Prostituierten vor 1500 durchaus in die Gesellschaft integriert waren und bei Stadt- und Dorffesten öffentlich auftraten. Allerdings nur, weil ihre Branche – so wie die der Scharf-richter – als eine Art gesellschaftlicher Bodensatz ge-duldet war. Der Dominikanerphilosoph und Kirchen-vater Thomas von Aquin verglich die Prostitution mit einer Kloake, auf die kein Palast verzichten könne, da sonst der ganze Palast stinken würde. Von echter Ak-zeptanz konnte keine Rede sein. Einmal Nutte, immer Nutte, und für die Töchter galt dasselbe Schicksal.

Wahr ist: Die guten alten Zeiten waren immer auch die geilen alten Zeiten und vorbildliche Ehen die Aus-nahme. In seinem Buch »Menetekel« erzählt Gerhard Henschel die tragikomische Geschichte von »3000 Jah-re Untergang des Abendlandes«. Er entkräftet »die Be-hauptung« – die allerdings niemand, den ich kenne, aufgestellt hat –, »dass die menschlichen Balzrituale in der Steinzeit subtiler und differenzierter gewesen seien als in irgendeiner Großraumdiskothek des 20. Jahrhun-derts«. Er zitiert Dekadenzklagen und Untergangspro-phetien aus allen Epochen. Aber was heißt das? Die Lamentos von Philosophen und Theologen verteilen sich ja nicht gleichförmig über die 3000 Jahre, sondern treten in Intervallen auf, je nachdem, ob gerade Krieg oder Frieden ist, Mangel oder Wohlstand herrscht, Be-völkerungsexplosion oder Geburtenknick angesagt ist. Dass ungefähr alle 100 Jahre der Untergang des Abend-landes, die Auflösung der Gesellschaft, das Ende der Welt beschworen wird, sollte uns nicht beruhigen, son-dern höchstens motivieren, unsere Lehren aus der Ver-gangenheit zu ziehen. Dass jemand eine Krise prophe-zeit, heißt ja nicht zwingend, dass die nicht auch ein-tritt.

Im 16. Jahrhundert kritisierte Martin Luther: »Man findet viele lieblose Eheleute, die sich weder um die

Kinder kümmern noch untereinander Liebe haben. Das sind keine Menschen mehr.« Auch beschwerte er sich darüber, »dass der eheliche Stand einen so jämmerlichen Ruf bei jedermann hat. Es sind viele heidnische Bücher, die nichts als der Weiber Laster und des ehelichen Standes Widerwärtigkeiten beschreiben.« Genau das unternahm ein paar Jahrzehnte später der Essayist Michel de Montaigne, der die Freundschaft zu Männern über die Liebe zu Frauen stellte: »Die Neigung zu Frauen ist ein aufflackerndes und flüchtiges Feuer, unstet und veränderlich, eine Fieberhitze, die bald steigt und fällt.« Im 18. Jahrhundert lästerte Nicolas de Chamfort: »Die Ehe kommt nach der Liebe wie der Rauch nach der Flamme.« Und Giacomo Casanova frohlockte: »Der Hurerei bedarf man in unserer glücklichen Epoche nicht, weil man so viel geneigte Willfährigkeit bei anständigen Frauen findet.« Wenig Zutrauen in die Treuefähigkeit von Männern und Frauen hatte auch Mozart. In »Cosi Fan Tutte« ruft er ein Unentschieden zwischen beiden Geschlechtern aus. Er lässt zwei Neapolitaner die Loyalität ihrer Bräute testen. Sie täuschen einen Kriegseinsatz vor und kehren in Verkleidung zu den Frauen zurück. Es dauert nicht lange, da haben sie deren Widerstandskraft gebrochen und sie verführt. Es kommt trotzdem zum Happy End, denn, was soll's: Cosi fan tutte, so machen es alle, fremdgehen, verzeihen, weitermachen …

Im 19. Jahrhundert werden die Ehezügel, zumindest im immer selbstbewussteren Bürgertum, straffer gezogen. An der Wende zum 20. Jahrhundert kommt es zu einer ersten kollektiven Ehekrise, als Folge der Industrialisierung und Urbanisierung. Jede zehnte Ehe landet vor dem Scheidungsrichter. Diese Quote bleibt bis nach dem Zweiten Weltkrieg ziemlich konstant. In Hollywoodfilmen geht es zwar immer wieder um Beziehungskatastrophen, aber die enden in der Regel glücklich. Man denke nur an die folgenden Cary-Grant-Screwball-Komödien: »Die schreckliche Wahrheit«, »Sein Mädchen für besondere Fälle« und »Die Nacht vor der Hochzeit«. Die Plots ähneln sich: Ein Pärchen trennt sich und kommt nach vielen komischen Verwicklungen am Ende wieder zusammen.

Dann wird auch Hollywood »noir«. Gut und Böse rücken einander näher und werden immer weniger trennscharf. Der *Playboy* kommt, erst zeigt er Po, dann Brüste, dann alles. Die Pille wird erfunden. Neue Scheidungsregularien werden eingeführt. Das Schuldprinzip wird durch das Zerrüttungsprinzip ersetzt. Schluss ist, wenn Schluss ist, und Schluss ist immer öfter. Wenn ein Mann und eine Frau in eine Ehe eintreten, wird ihnen kein Zwangskorsett mehr übergestülpt. Sie müssen sich gegenseitig festhalten. Immer mehr Menschen fehlt dazu die Kraft, der Wille, die Ausdauer. Regelverstöße werden von der Ausnahme allmählich zur Regel.

Ist das ein Fortschritt oder ein Rückschritt? Beides.

Die Ehen meiner Großeltern sind nicht auf der Basis von tiefen Gefühlen zustande gekommen. Opa und Oma mütterlicherseits lebten vor dem Zweiten Weltkrieg in einem Gebiet, das heute zur Ukraine gehört. Oma liebte einen anderen Mann als Opa, musste ihn aber dennoch heiraten. Oma bekam sechs Kinder, fünf überlebten, während der Vertreibung nach Westen adoptierte sie vorübergehend noch einige Waisen; sie wurde zu so etwas wie unserer Familienheiligen. Als sie in den Westen umgesiedelt waren, tauchte irgendwann ihre alte Flamme wieder auf. Auf die Idee, ihren

Mann zu verlassen und mit ihrem damaligen Schwarm ein neues Leben anzufangen, wäre sie nie gekommen. Sie starb einige Jahre vor meinem Großvater. Als der bei uns wohnte, hörte ich ihn im Schlaf oft den Namen seiner Frau murmeln. Es hatte nicht gepasst, aber es hatte gehalten, ganz gut sogar. Heute passt es, aber es hält oft nicht. Früher kam die Liebe in der Ehe, manchmal jedenfalls, heute geht sie in der Ehe.

Die Drei-Generationen-Ehebilanz meiner eigenen Familie fällt so aus:

- Von meinen Opas und Omas, mütter- und väterlicherseits, ließ sich niemand scheiden. Von ihren Geschwistern auch niemand. Das tat man damals nicht.
- Von deren insgesamt acht Kindern nur eins.
- Von meinen 17 Cousins und Cousinen, die meisten um die vierzig Jahre alt, sind neun verheiratet, zwei geschieden; die anderen leben alleine oder in wechselnden Beziehungen.

Eine Wiederanknüpfung an vergangene Zeiten, in denen Treue- und Ehebrüche mit Auspeitschungen und Verbrennungen bestraft wurden, wünscht sich vernünftigerweise niemand. Tatsächlich geht es in einigen Weltteilen und Kulturkreisen noch grausamer zu als bei uns in der frühen Neuzeit. Während ich das schreibe, wartet im Iran eine angebliche Ehebrecherin auf ihre Steinigung. Sie soll in den Boden eingegraben werden bis zum Kopf, und der soll mit einem Tuch verhüllt werden. Dann soll sie mit Steinen so lange beworfen werden, bis sie stirbt. Die Steine sollen nicht zu groß sein, um ihre Qualen zu verlängern.

Nicht von einem Religionsgericht verurteilt, sondern

einem Akt der Selbstjustiz zum Opfer gefallen ist vor einigen Monaten meine Ex-Klassenkameradin Tanja. Ich kannte sie als intelligente, manchmal etwas einsame Gymnasialschülerin. Mit Männern hatte sie schon an der Schule kein Glück, wie überhaupt mit Beziehungen. Im Abi-Jahrbuch war sie uns nur fünf Zeilen wert. Sie sei »eine Stille«, stand da, die nur »bei schriftlichen Arbeiten zeigt, was in ihr steckt«. Das war herzlos, und nach Herzenswärme sehnte sie sich. Irgendwann hörte ich, dass sie einen älteren muslimischen Mann geheiratet hatte. Ein paar Jahre später erfuhr ich, dass sie sich wieder trennen wollte. Im Frühjahr 2009 kehrte ihr Mann noch einmal zurück in die Wohnung und stach sie mit mehreren Messerstichen ab, während ihr schwerkranker Vater und ihre zwei Kinder zusahen. »Die Mama hat so furchtbar geschrien«, gab eines der traumatisierten Kinder später zu Protokoll.

Wäre vor nicht allzu langer Zeit ein solches Verbrechen auch bei uns durchgegangen – und zwar als zulässige Wiederherstellung der Familienehre? Persifliert wird diese Tradition in der Komödie »Scheidung auf Italienisch«, für die es vor 50 Jahren einen Oscar gab. Ein sizilianischer Adeliger, gespielt von Marcello Mastroianni, treibt seine Ehefrau in eine Affäre mit einem anderen Mann, nur um einen Vorwand zu bekommen, sie zu töten und dann frei zu sein für seine Geliebte.

Zeiten ändern dich, und Zeiten ändern sich. Von rigide zu enthemmt, von zwanghaft zu neurotisch, von kollektivistisch zu individualistisch – und umgekehrt. Gut sind Zeiten, in denen Balance herrscht. In denen das Gute, das wir wollen und sollen, von außen verstärkt wird durch Anreize und, wenn es nötig ist, auch durch Sanktionen.

Ethnologen haben herausgefunden, dass sich alle Kulturen an denselben moralischen Prinzipien orientieren und dass sich diese Prinzipien in fünf Kategorien aufteilen lassen:

- Schutz vor Verletzung
- Gerechtigkeit
- Loyalität gegenüber der Gruppe
- Respekt vor Autorität
- Moralische Reinheit

In unfreien Gesellschaften, wo das Primat der Gruppe gilt, dominieren Prinzipien aus den letzten drei Kategorien.

In äußerst freizügigen Gesellschaften, wo es um (historisch gesehen) so neue Sachen wie die Selbstentfaltung und Selbstverwirklichung des Einzelnen geht, werden einseitig Prinzipien aus den ersten zwei Kategorien betont.

In einer solchen Gesellschaft leben wir. Die Freiheit der Liebe wird großgeschrieben, die Verpflichtung zur Treue klein. Jedenfalls sind die Belohnungssysteme bei uns nicht so justiert, dass treues Verhalten belohnt und untreues Verhalten geahndet wird. Der treue Ehemann ist langweilig, unsexy, ein erotisches Neutrum. Der Womanizer ist der Wild Boy, der Gefahr und Abenteuer ausdünstet. Manchmal habe ich mich gefragt, ob ich auf Bad Boy umschulen sollte. Bringt vielleicht mehr Punkte, jedenfalls mehr Höhepunkte.

Als Christian Wulff, kurz zuvor von einem Biographen als »Marathon-Mann« gefeiert, via *BILD*-Zeitung das Scheitern seiner Ehe verkündete und gleich seine neue Geliebte präsentierte, stand er vor einem Terminpro-

blem. Er hatte zugesagt, bei einem christlichen Jugend-
kongress einen Vortrag zu halten. Die Veranstalter des
Kongresses galten als erzkonservativ und radikal-puri-
tanisch, vor allem in Fragen der Ehemoral. Doch
Christian Wulff kniff nicht, sondern setzte sich dem
möglichen Tribunal aus. Vielleicht war er selbst am
meisten überrascht über die Reaktionen. Die Teilnehmer hielt es nicht auf den Sitzen. Nicht, weil sie unter
Protest den Saal verlassen hätten, sondern weil sie dem
künftigen Bundespräsidenten stehende Ovationen ent-
gegenbrachten und ihn mit »Christian Wuuuuulf«-Ru-
fen feierten. Für mich war die Nonchalance, mit der
die biblischen Gralshüter der 3-L-Liebe auf den Lap-
sus des Promis reagierten, das eigentlich Verwunder-
liche.

Noch mehr erstaunt hat mich der Fall eines Pfarrers,
dessen Gemeinde wegen der innovativen Gottesdienst-
form und der klugen Predigten großen Zulauf hatte.
Der Pfarrer hatte sich auch als eine Art religiöser Life-
style-Experte einen Namen gemacht. Aber dann über-
trieb der Gute es mit dem innovativen Change-Ma-
nagement; er verließ seine Frau und holte dafür seine
Geliebte ins Pfarrhaus. Er stellte es dem Gemeindevor-
stand frei, ihn zu beurlauben. Was tat das fromme Gre-
mium? Es handelte nach dem Leitsatz: Wer die Kirche
füllt, hat recht. Man wollte den Supergeistlichen nicht
verlieren und lehnte es ab, den Vertrag aufzulösen.
Stattdessen nahm die Kirche einige Seminare über die
Bewältigung von Ehekrisen neu ins Programm.

Dass die Scheidungszahlen konstant hoch sind und die
Medienberichte über Promi-Seitensprünge sich sogar
inflationär vermehren, macht mir nicht so viel Angst
wie das Achselzucken derer, die sich der Verteidigung

der Treue verpflichtet fühlen müssten. Damit ist ja öffentlich auch kein Blumentopf mehr zu gewinnen. Als zuletzt eine katholische Gemeinde ihren Organisten entließ, weil er im Zustand offenen Ehebruchs lebte, pfiff der Europäische Gerichtshof die Gemeinde zurück, die sich an die vorher vereinbarte Dienstordnung gehalten hatte. Der Ehebruch mindere die musikalische Qualität nicht.

Dabei wollen wir die Treue doch. »Hat die Liebe noch eine Chance?« fragte Ende August 2010 die *ZEIT* und ließ drei Berliner Künstler eine Antwort suchen. Die Jüngste der drei, die Schauspielerin und Dramatikerin Laura de Weck, noch keine 30 Jahre alt, bekannte: »Ich glaube, die Sehnsucht meiner Generation geht dahin, jemanden zu finden, der einen ein Leben lang begleitet. Jemanden, der auch die schlechten Zeiten mitmacht. Früher sagte man: Ich will mein Leben mit dir verbringen, weil ich dich liebe. Heute sagt man eher: Ich will mein Leben mit dir verbringen, obwohl ich weiß, dass es verdammt schwer sein wird.«

»So mutiert die romantische Liebe im Laufe der Moderne zu einer Monsterqualle, die mit unsichtbaren Fäden zarte Wesen umgarnt, sie zersetzt und verschlingt. Manche glauben weiterhin mit religiöser Inbrunst an sie, andere sind restlos enttäuscht von ihr, viele arrangieren sich mit der alltäglichen Tristesse dessen, was einmal Liebe war«, schreibt der Philosoph Wilhelm Schmid. Er schlägt deshalb vor, die Liebe »neu zu erfinden« als »atmende Liebe«, er wünscht sich »eine neue Leichtigkeit des Liebens«.

Aber kann man sich fallenlassen in eine Liebe, die konditioniert und befristet ist? Wohl kaum. Gerade deshalb sollten wir versuchen, uns die Sache mit der Treue etwas leichter zu machen, statt die Verhältnisse hinzunehmen, wie sie sind.

Das sanfte Aufbegehren gegen den Status quo ist eine Minderheitenposition. Und war es auch schon früher. In »Der Menschenfeind« lässt Molière den klugen, aber phlegmatischen Philinte dem misanthropischen Treuefanatiker Alceste sagen:

> *»Der allergrößte Narr ist der, der sich vermisst*
> *Die Welt zu ändern. Sie bleibt ewig, wie sie ist.«*

Man muss kein Menschenfeind sein, um das für einen Irrtum zu halten.

Es stimmt: Die Zeiten ändern mich.

Ich kann aber auch die Zeiten ändern.

# Dauer macht lustig

## Die Vorteile der Treue

> »Der Ausgang einer Sache ist wichtiger als ihr Anfang.«
> *(Die Bibel, Der Prediger Salomo)*

Die schönsten drei Wörter der Welt: »Ich liebe dich.«

Die flehentlichsten zwei Wörter: »Geht nicht!«

Was diese Wortkombinationen so traurig macht, zumindest oft traurig macht, ist die Stille, die folgt. Das Herz des Partners ist in der Regel schon weg, und der Körper beeilt sich, hinterherzukommen. Argumentieren zwecklos. Mit welchen Gründen soll man den Partner auch dazu bewegen, den eigenen Glücksanspruch zurückzustellen und eine Beziehung fortzuführen, die ihm oder ihr offenbar keine große Freude mehr bereitet? Ist es das, was die Treue im Konfliktfall verlangt? Stagnation in einer Beziehung statt Wachstum in einer neuen? Ist Treue am Ende doch nur etwas für Verlierer?

Gesamtgesellschaftlich gesehen ist Treue ohne Zweifel eine Gewinnertugend. Die universalhistorischen Betrachtungen von Jacob Burckhardt, Oswald Spengler und Arnold Toynbee sind im Moment etwas aus der Mode. Trotzdem ist eine Hauptthese, die alle drei vertreten, noch immer beachtenswert: Gesellschaften mit losen Familienbindungen und allzu lockerer Sexualmoral dümpeln und degenerieren. Ein wenig bekannter Ethnologe, Joseph D. Unwin, hat in den 1920er Jahren dieselbe These auf 80 Stämme und Völker angewandt und sie dort bestätigt bekommen.

Allerdings fühlt sich nicht jeder, der eine Beziehung unterhält, verantwortlich für das Florieren der Zivilisation, geschweige denn für die Höherentwicklung der menschlichen Spezies. Was sind die Vorteile der Treue? Mir fallen zwei ein:

Treue tut gut.

Untreue tut weh.

Treue tut gut, weil sie glücklich macht. Und zwar in dieser Reihenfolge:

- Treue schafft Vertrauen.
- Vertrauen schafft Vereinfachung des Lebens.
- Vereinfachung schafft Entspannung.
- Entspannung schafft Zufriedenheit.
- Zufriedenheit schafft Glück.

Zu Hochzeiten verschenke ich manchmal einen Fotoband der National Geographic Society, der schlicht »Love« heißt und Liebende zeigt. Mich selbst fesseln nicht so sehr die frisch Verliebten. Menschen die sich ekstatisch anschmachten, regen meine Phantasie an, rühren aber nicht mein Herz. Anders ist das mit den Aufnahmen von Männern und Frauen, denen man ansieht, dass sie schon einen langen Weg zusammen marschiert sind. Seniorenpaare, die Händchen halten, die einander fotografieren oder die nur nebeneinander auf einer Bank sitzen. Sie wirken entspannt, friedvoll, sogar schön, echte Treue-Pin-ups. Im Alter hat jeder das Gesicht, das er verdient. Das denke ich, wenn ich Fotos von verschrumpelten und aufgespritzten Beziehungsbulimikern wie *Playboy*-Gründer Hugh Hefner

sehe: die Mundwinkel maskenhaft nach oben ge-
schraubt, die Augen stechend und trotzdem tot. Anti-
Werbung für echte Liebe.

Ansonsten ist es mit der Treue wie mit der Gesundheit.
Was man an ihr hat, merkt man erst, wenn sie weg ist.
Wer in den Genuss von Treue kommt, kriegt nämlich
nicht nur mehr, sondern vor allem weniger:

- weniger Stress
- weniger stressbedingte Krankheiten
- und dadurch letztendlich wieder mehr. Mehr Le-
  benszeit.

Tatsächlich leben sicher und halbwegs glücklich gebundene Menschen durchschnittlich vier Jahre länger
als der Rest der Bevölkerung.

Franz Beckenbauer, selbst in dritter Ehe verheiratet,
bekam ausgerechnet vom saudischen Kronprinzen die
Vielweiberei ausgeredet. »Your Highness«, soll Beckenbauer gesagt haben, »mich würde interessieren,
nicht so sehr vom Glauben her, aber – mit vier Frauen.
Wie geht denn das?« Der Thronfolger antwortete:
»Vergessen Sie das. Jede stellt heute Ansprüche. Kaufst
du einer einen Ring, wollen die anderen drei einen
Ring.« Parallelbeziehungen stressen. Noch mehr natürlich dann, wenn sie heimlich ablaufen. Wer sich neben seiner Ehefrau eine Geliebte hält, hat vielleicht
nicht mit denselben materiellen Ansprüchen zu kämpfen wie ein saudischer Prinz, dafür mit seinen Gewis-
sensbissen und mit der Angst vor Enttarnung.

Dass die Flucht aus der geschlossenen Zweierbeziehung in der Regel nicht im Paradies endet, zeigt der
Nobelpreisträger Dario Fo in seinem Drama »Offene

Zweierbeziehung«. Ein Ehemann versucht seiner Ehefrau seine eigenen Affären ideologisch schönzureden: »Die Idee von der geschlossenen Zweierbeziehung in der Familie dient doch in Wahrheit bloß dazu, ihre enormen ökonomischen Vorteile zu verteidigen, also das Patriarchat!« Er versichert seiner Frau, er empfinde für sie weiter »Liebe, Zärtlichkeit ... und vor allem *Achtung!*« Und geht weiter fremd. Als seine Frau seinem Beispiel folgt und selbst eine Liaison mit einem anderen Mann eingeht, dreht er vor Eifersucht durch und hechtet mit einem Föhn in die vollgelaufene Badewanne. Wahrhaftig, der Mann hat den Literaturnobelpreis verdient.

»Mit Ehebruch bin ich durch«, tönte vor ein paar Jahren der »Tatort«-Kommissar Peter Sodann. Er war 67 Jahre alt geworden und hatte seine Lehren gezogen: »Ehebruch ist sicher ein Vergnügen, aber man bereut es hinterher, und irgendwann hat man die Nase voll.« Die Nase voll hat natürlich zuallererst der betrogene Partner. Was für die Physis die Schusswunde, ist für die Psyche die Schlusswunde. Sie schmerzt und klafft und eitert, manchmal jahrelang.

Leichter als die Wohltaten der Treue zu beschreiben ist es deshalb, die Schmerzen aufzulisten, die Untreue zufügt. Ich persönlich habe solche Liebesqualen bisher ansatzweise erlebt: als Lüge, als Illoyalität; aber ich bin in einer Beziehung noch nie betrogen worden. Ich weiß, wie sich Liebeskummer anfühlt. Ich pflege in diesem Zustand schon mal EC-Karten in Automaten stecken zu lassen – oder auch das abgehobene Geld; ich verursache Auffahrunfälle, ich stelle mich auf Flughäfen am falschen Gate an und verpasse meine Maschine, und (was allerdings erst einmal vorgekommen ist) ich stehe mit matschigem Gehirn vor einer Fernsehkamera und hoffe, dass ich bei der Live-Schalte vom Koalitionsgipfel nicht in Tränen ausbreche. Ich kann mir also ungefähr vorstellen, was in jemandem vorgeht, dessen Seele blutet, weil der Partner ihn betrogen oder verlassen hat.

Im letzten Sommer hatte ich meinen ersten schlimmen Verkehrsunfall. Ich radelte über eine Kreuzung, und ein Auto mähte mich um. Ein paar Wochen später war ich schon wieder fit, aber seitdem zucke ich innerlich zusammen, wenn ich mich auf dem Fahrrad einer belebten Querstraße nähere. Auf jeden Fall fahre ich nicht mehr freihändig und mit Kopfhörern im Ohr. Die Leichtigkeit des Fahrradfahrerseins ist futsch. So ähnlich muss es Ex-Verliebten gehen, die ein paarmal zu oft unter die Räder gekommen sind. Nur kein Risiko mehr, nur nicht wieder dieselben Schmerzen, nur nicht wieder in die Reha …

Früher war Untreue ein Anlass, sich mit dem Nebenbuhler zu duellieren. Heute heult man zu Hause und gibt sich nach außen cool. Einmal habe ich den »Broken Hearts Club« in Berlin besucht. Dort hat man aus dem Herzschmerz ein Partykonzept gemacht. DJs legen bittersüße Songs auf, und schöne Menschen tanzen dazu. Die Leute feierten und flirteten ausgelassen, tranken Cocktails und waren mit den Strohhalmen schnell am Boden der Gläser angekommen. Der Alkohol spülte die Hemmungen weg. Die Lautstärke sorgte dafür, dass alle nah beieinanderstehen mussten, um sich zu verstehen. Die Bässe trieben zum nächsten Flirt-Angriff. Ich weiß nicht, wie viele neue Paare sich an diesem Abend fanden, um sich womöglich am nächsten Morgen wieder zu trennen. Geheilt wurden hier jedenfalls keine Her-

zen, höchstens narkotisiert und dann erneut ange-
knackst. Liebeskummer lässt sich nicht wegfeiern.
»Zahnweh im Herzen«, nannte Heine das Gefühl, wenn
eine Romanze gestorben ist. »Das ist nicht der Tod, das
ist die Liebe, der größte Schmerz in diesem Erdgetrie-
be«, seufzte Nelly Sachs. »Nicht halb so bitter tut der
offene Hass als Weh gekränkter Liebe«, dichtete Shakespeare.

Noch zwei Horrorsätze: »Er hat mich verlassen.« –
»Sie hat mich verlassen.« Vor Jahren nahm sich das
»Streiflicht« der *Süddeutschen* einmal des Falles an.
Leider kann ich den Wortlaut des Artikels nur noch
ungefähr wiedergeben; er ging etwa so: »Ich werde
dich verlassen, sagte meine Frau. Gute Idee, sagte ich,
ich komme mit! Das wollte ich schon immer mal: mich
verlassen.« Groteskes Parlando um etwas, das eigentlich nicht geht, wenn denn Liebe jemals Liebe war! Ich
habe die Horrorsätze, die mit »verlassen« enden, jeweils von einem Freund bzw. einer Freundin gehört,
ganz kurz nachdem der Ehepartner die Beziehung beendet hatte. Beide Mal sahen die Verlassenen furchtbar
aus: fahl, fahrig, mit Blicken, die von weit weg kamen
und nach nirgendwo gingen. Die eine Freundin landete
vorübergehend in der Psychiatrie, der Freund wurde
zum Zyniker und Eigenbrötler. Muss nicht immer so
schlimm ausgehen, aber manchmal tut es das eben –
und gerade bei den Besseren. Bei denen, die tiefer empfunden haben, sich rückhaltloser herschenkten, einfach
mehr Vertrauen gaben und weniger Absicherung wollten.

Von einer Frau habe ich die folgende Geschichte gehört, die mich verstörter zurückgelassen hat als ein ja-
panischer Horrorfilm: »Mein Ehemann hat mir zum

Geburtstag dies auf eine Karte geschrieben: ›Deine Geduld und deine Güte kann nicht in Worte gefasst werden, weil ihr Wert einfach zu groß ist. Ich möchte dir für deine Liebe jeden Tag bis zum Ende meines Lebens danken!‹ – Sechs Monate später hat er mich für eine Frau verlassen, die halb so alt war wie ich.«

Untreue zerstört:

- unsere Beziehung
- unseren eigenen Selbstwert
- den Wert, den wir Worten und der Welt, die sie beschreiben, geben. Auf welches Versprechen sollen wir uns noch verlassen, wenn das größte gebrochen worden ist?

Wer den Partner verlässt oder betrügt, will natürlich nicht den Schaden wahrhaben, der dadurch verursacht wird. Er sucht nach einem Milieu, in dem alles halb so schlimm ist. Das ist der Ort auch einer eigenen Art von Literatur, eines Genres der charmanten, augenzwinkernden Akzeptanz. Wir sprechen von der Burleske, dem Schwank, der deftigen Geschichte. Eine besonders scharfsinnige Verteidigung der Untreue findet sich im »Decamerone« von Boccaccio. Das Buch spielt in der Zeit der Pest und der Geißlerzüge. Im Vorwort stellt der Autor fest: »Eines ist ja offensichtlich, alle zeitlichen Dinge sind vergänglich und sterblich« – vor allem die Liebe. In einer seiner frivolen Geschichten erzählt Boccaccio von einem Gerichtsverfahren gegen Donna Filippa. Sie ist angeklagt, ihren Mann betrogen zu haben, und soll dafür hingerichtet werden. In ihrem Verteidigungsplädoyer fragt sie, was denn so schlimm daran sein soll, wenn man die eigenen sexuellen Kapazitäten optimal ausschöpft. Mit Verweis auf ihren gehörnten Mann sagt sie: »Er bekam von mir immer, was er gebraucht und was ihm gefallen hat. Was sollte ich damals und was soll ich weiterhin mit dem Rest machen, der über seine Fähigkeiten ging? Soll ich ihn vielleicht vor die Hunde werfen? Ist es dann nicht doch viel besser, statt ihn wegzuwerfen oder verderben zu lassen, ihn einem vornehmen Mann zu geben, der mich wirklich liebt?« Die Richter können so viel Sophisterei nichts entgegensetzen und begnadigen Donna Filippa. Der Leser weiß aber, dass es in der romantischen Liebe weniger auf Quantität als auf Exklusivität ankommt. Wer liebt, will nicht teilen. Wer teilen muss, geht meistens lieber.

Auf 50 Arten, eine Beziehung zu beenden, kommt Paul Simon in seinem gleichnamigen Song (»50 Ways to Leave Your Lover«). Allerdings fällt ihm keine Exit-Strategie ein, die dem Partner nicht weh tut, weshalb er die Entscheidung hinausschiebt.

Trennungen sind nach Todesfällen der häufigste Auslöser für Depressionen. Und sie zerstören Vertrauen in die grundsätzliche Haltbarkeit von Beziehungen. Was uns nicht umbringt, macht uns härter, leider. Hurt people hurt people, pflegen die Amerikaner dazu zu sagen: Verletzte Menschen verletzen Menschen. Traumatische Opfererfahrungen verbessern unser Vermögen zur Empathie nicht, sondern verschlechtern es. Sie führen zu einem geringeren Selbstwert und gleichzeitig zu einer größeren Selbstbezogenheit. Künftige Partner und Beziehungen leiden darunter. Manche Scheidungen, an denen Kinder beteiligt waren, wirken sich über Generationen hinweg aus. Da ist der Wurm drin, sagt der Volksmund – und weiß gar nicht, wie tief er recht hat.

Zu den Opfern eines Treuebruchs zählt auch der Täter selbst. Einer Umfrage zufolge bereut jeder Zweite, der seine Ehe beendet hat, die Entscheidung später wieder. Einer davon ist der Modedesigner Wolfgang Joop, der vor vielen Jahren seine Frau und Kinder für einen Mann verließ. Später gestand er in einem Interview: »Ich würde es heute nicht wieder machen. Ich bin natürlich ein Kind meiner Zeit gewesen, als man Selbstfindung und all diesen Dreck für so wahnsinnig wichtig hielt.« Den Gewinn, den er aus seiner neuen Partnerschaft bezog, veranschlagte er nicht sonderlich hoch: »Was heißt schon Selbstfindung? Was habe ich in mir schon gefunden? Außer Einsamkeit und Verstörung und wachen Nächten, in denen ich nicht zur Ruhe kam, weil ich meinen Kindern gute Nacht sagen wollte und ihnen die Decke hochziehen. Diesen Schmerz würde ich mir nicht mehr antun. Ich habe keine einzige sexuelle Erfahrung gemacht, egal ob mit Männern oder Frauen, die so phantastisch war, dass es sich dafür lohnt, seine Kinder zu verlassen.« Joop sagte das in einem Doppelinterview mit seiner Tochter Jette. Mit ihr liefert er sich, während ich diese Zeilen schreibe, einen erbitterten Erbschaftsstreit.

»Sorry, ich hab's mir anders überlegt«, diese Erkenntnis ist manchmal unvermeidlich und moralisch einwandfrei, zumal bei Beziehungen, die sich noch im Probierstadium befinden. Tragisch ist sie, wenn eine Beziehung von beiden Partnern auf lebenslange Haltbarkeit ausgerichtet war.

»Wenn die Liebe Flügel hat, soll sie da nicht flattern?«, fragte im 18. Jahrhundert der Dramatiker Beaumarchais. Mit diesem Zitat beginnt auch Jean Renoirs Film »Die Spielregel«, der wenige Wochen vor Ausbruch des Zweiten Weltkriegs herauskam und damals als defätistisch und dekadent verboten wurde. Heute gilt der Film als Meisterwerk, als vielleicht bester europäischer Film aller Zeiten. Eine Gruppe von Adeligen und deren Angestellte treffen sich auf einem Landsitz. Sie machen, spielen und heucheln sich gegenseitig Liebe vor. Dem Beziehungschaos fällt am Ende der einzige ehrliche Mensch unter ihnen zum Opfer, ein bürgerlicher Aufsteiger, der sich noch keinen Gefühlspanzer zugelegt hat und an die wahre Liebe glaubt. Er stirbt infolge eines skurrilen Unfalls. Und einer der Hausgäste sagt den Satz, den ich selbst immer wieder zitiere: »Das Allerschrecklichste auf der Welt ist, dass jeder seine Gründe hat.«

Wer eine Beziehung aufkündigt oder eine Ehe auflöst, macht es sich nicht leicht und hat meistens ziemlich nachvollziehbare Gründe. Im Zweifel ist es der eigene Glücksanspruch. Dagegen stehen: die eigenen Seelenqualen, der Schmerz des verlassenen Partners, der Kinder, falls es sie gibt, und der Schaden für die Gemeinschaft, wenn Regeln durch Regelverstöße ausgehöhlt werden und das Gesamtvertrauenskapital stückweise aufgezehrt wird. Etwas pauschal berechnet liegen Glück und Schmerz also im Verhältnis eins zu vier.

Aber wer konsultiert schon den Taschenrechner, wenn es um die Liebe geht. Und ist es nicht so, dass die meisten Ehen einvernehmlich geschieden werden?

Ich weiß.

Ich habe nur versucht, den Wert der Treue und die Kosten der Untreue hochzutreiben.

# 07 Kinder haften für ihre Eltern

## Die Erben der Treue

>»Keine der Grimes Schwestern sollte ein glückliches Leben haben.
>Und rückblickend sah es immer so aus, als hätte der Ärger
>mit der Scheidung ihrer Eltern angefangen.«
>
>*(Richard Yates, Easter Parade)*

Als ich einmal mit drei Freunden zusammensaß, kam das Gespräch auf glückliche Ehepaare.

Mir fielen einige ein, allen voran meine Eltern. Meinen drei Freunden keine. Dabei gaben sie sich alle Mühe. Ab und zu fiel ein Name: »Die sind doch glücklich!« Dann schüttelten die anderen zwei den Kopf. Gering war auch ihr Vertrauen in die Treuefähigkeit von Menschen, allen voran Männern. Irgendwann, so glaubten sie, würden sie Schluss machen, abhauen, fremdgehen.

Meine drei Freunde hatten außer ihrer Eheskepsis noch etwas anderes gemeinsam: Ihre Eltern hatten sich scheiden lassen.

Ich bin immer wieder erstaunt, wie stark das Erlebnis der Trennung ihrer Eltern junge Menschen prägt, verstört, traumatisiert. Selbst dann noch, wenn die Kinder bereits keine mehr sind und in eine Studenten-WG umgezogen sind. 30-Jährigen kommen die Tränen, wenn sie sich daran erinnern, wie es war, als Papa plötzlich eine andere hatte.

Bei Scheidungskindern stirbt die Hoffnung nicht zuletzt. Die Hoffnung stirbt zuerst. Das Urvertrauen in die Haltbarkeit des Guten geht perdu.

John Updike, von dessen Romanen kaum einer ohne Ehebruch ausgekommen ist, hat in einem Interview gesagt, worin für ihn die »wahre Tragödie« eines Seitensprungs oder einer Scheidung liegt: »In den verstörten, verlassenen Kindern, die das Ergebnis des sexuellen Furors sind.«

Die Journalistin Caitlin Flanagan, die ein Buch über ihre noch frischen Erfahrungen als Familienmutter geschrieben hat, kommt zu dem Schluss: »Das Einzige, wovor ich meine Kinder schützen kann, ist das schlechte Vorbild ihrer Eltern. Das Einzige, was ich meinen Jungs versprechen kann, ist, dass in meinem Haus die Eltern sich nicht anschreien oder heruntermachen werden. Sie werden nicht saufen oder mit Liebhabern durchbrennen. In meinem Haus werden sich die Eltern wie Erwachsene benehmen ...« Caitlin Flanagan weiß: In ihrem späteren Leben haften Kinder auf die eine oder andere Weise für das Verhalten ihrer Eltern.

Einige Scheidungskinder, vor allem diejenigen aus bildungsfernen Schichten, sind offen verhaltensauffällig. Die Lehrerinnen unter meinen Freunden können mit einschlägigen Episodenschilderungen ganze Abendunterhaltungen alleine bestreiten. Bei anderen Kindern, vor allem denen aus besseren Kreisen, zeigen sich Tiefenprägungen erst später. Nicht immer. Aber immer öfter.

Wenn Mamas sich mit neuen Papas zusammentun und die Kinder aus den früheren Beziehungen zwischen den verschiedenen Ex- und Stief-Konstellationen hin- und herpendeln, heißt das heute Patchwork. Auf Deutsch: Flickschusterei. Die deutsche Bezeichnung ist nicht so populär, weil sie ein schlechtes Gewissen macht. Das soll nicht sein. So wertet man's auf, macht aus der Not eine Tugend, ja ein Ideal. Manchmal hat man schon den Eindruck, als sei das Normale das Falsche: Vater, Mutter, Kinder. Ein Auslaufmodell? Und das Falsche – die Notlösung – spielt sich auf als das Angesagte. Kreativ und bunt. Einfach originell und erfrischend. Dabei ist Patchwork meist nicht mehr als eine gesellschaftlich schöngeredete Katastrophe. Irgendwas, woraus man noch das Beste machen kann, aber nicht das Ziel der Evolution. Klar erwiesen ist: Kinder, die mit ihren leiblichen Eltern aufwachsen, entwickeln sich besser als Kinder, die in Patchworkmodelle hineingezwungen werden. Die wiederum sind psychisch stabiler als Kinder von alleinerziehenden Eltern. Es ist für Kinder eine Zumutung, an mehr als zwei Fronten um Liebe kämpfen und versuchen zu müssen, die Beziehungsscherben, die ihnen ihre Eltern hinhalten, zusammenzukleben. Die Risse, die nach einer Scheidung durch die kleinen Herzen gehen, können nicht einfach durch Nettigkeiten kompensiert und weggepflegt werden. Shit happens. Die Gloriole drum sollten wir uns schenken.

Vom Tisch, zumindest bei seriösen Kinderpsychologen, ist auch die Mär, dass eine »gute« Trennung einer »schlechten« Beziehung vorzuziehen sei. Solange Eltern sich nicht permanent vor den Kindern mit Küchengeschirr bewerfen, kommen diese auch mit einem leidenschaftslosen Verhältnis ihrer leiblichen Eltern besser klar als mit gar keinem.

Die Amerikanerin Judith Wallerstein hat in einer nicht ganz repräsentativen Studie 131 Kinder über einen Zeitraum von 25 Jahren begleitet. Das Ergebnis: Scheidungskinder wurden eher depressiv und wurden früher kriminell. Sie rauchten öfter, nahmen mehr Drogen und hatten früher Sex. Sie ließen sich schneller auf Beziehungen ein und beendeten sie schneller. Sie haben ein doppelt so hohes Scheidungsrisiko.

Aus meiner eigenen Schulzeit kann ich bestätigen: Die Mitschüler, die am frühesten »rumgemacht« haben, waren diejenige, die nur mit einem Elternteil aufwuchsen. Sie suchten mehr als wir anderen nach Bestätigung, Nähe, Liebe. Was sie dann erlebten, waren viele eigene Trennungserfahrungen, manchmal im Monatsrhythmus. Das Selbstwertgefühl machte da erst recht einen Sinkflug.

Mich macht nicht nur besorgt, dass für immer mehr Kinder die Familie als Schutzraum wegfällt. Die Angriffe von außen auf die kindliche Psyche und Sexualität werden auch immer aggressiver. Damit meine ich nicht nur Pädophile, die sich physisch an Kindern vergehen, sondern auch die skrupellosen Geschäftemacher, die Kinder durch übersexualisierte Konsumangebote mental missbrauchen. Computerspiele, Videoclips, Songtexte, bei denen selbst Erwachsene knallrote Ohren kriegen, prägen heute den Alltag von Minderjährigen. Das ist das Ergebnis einer ungebremst fortschreitenden Ausweitung der Marktzone. Kinder sind gute Kunden, weil sie leicht manipulierbar sind. »Kinder«, habe ich von einem Marketingexperten gelernt, »sind wie das Afrika der Kolonialzeit.« Sie kriegen billigen Tand angedreht, für den die von Schuldgefühlen geplagten Eltern das Geld vorstrecken.

Jedes Jahr findet in Berlin Europas größte Jugendmesse YOU statt. Hier können sich Jugendliche unter anderem in Extremsportarten testen (ein Angebot, das überwiegend Jungs wahrnehmen) oder sich professionell schminken lassen (ab 10 Uhr morgens stehen die Mädchen Schlange). Dazu gibt es jedes Mal einen Motto-Song. In diesem Jahr hieß der »Alles geht«. Die Maxime gilt auch für das Programm. Der musikalische Headliner 2010 war Paul Würdig alias Sido. Sido, das ist angeblich die Abkürzung für »Superintelligentes Drogenopfer« oder »Scheiße in dein Ohr«. Berühmt geworden ist der 30-jährige Berliner durch den »Arschficksong«. Neben Sido traten bei der Jugendmesse »Die Atzen« auf. Das Duo besteht aus Manny Marc und Frauenarzt, zwei Begründer des sogenannten Porno Rap. Frauenarzt ist wegen der Verbreitung pornographischer und gewaltverherrlichender Inhalte vorbestraft. Ich habe mich gefragt, was in die Veranstalter gefahren ist, solche geilen Böcke zu Kindergärtnern zu machen. Diese Frage hat mir auch die als Bundeskanzler-Gattin in spe gehandelte Stephanie zu Guttenberg gestellt. Was ihr von vielen Zeitgeist-Journalisten das Attribut »spießig« eingebracht hat. Ich solidarisiere mich gerne mit ihr. Es geht nicht um eine konservative Lufthoheit über Kinderbetten, sondern darum, die schlimmste Gülle aus den Kinderzimmern wegzupumpen.

Einen Musiker derselben Zunft, Fler alias Patrick Losensky, habe ich einmal für den ARD-»Bericht aus Berlin« interviewt. Er hatte gerade seine neue Platte »Deutscha Bad Boy« am Start. In seinen Texten dreht sich alles um dicke Autos, dicke Klunker, dicke Wummen, dicke Titten. Ganz zahm saß er vor mir, ohne Blingbling um den Hals und ohne sichtbare Allüren. »Alles Show«, versicherte er mir. Ich habe ihn gefragt, ob er glaubt, dass das seine zahnbespangten Fans auch so sehen. Er schielte hilfesuchend nach seiner PR-Assistentin und zuckte dann mit den Achseln: »Da sind halt die Eltern gefordert«, meinte er.

Man kann die Vitalität einer Gesellschaft nicht am Bruttoinlandsprodukt ablesen. Wie erfolgreich eine Generation ist, lässt sich daran messen, wie sie die nächste erzieht: wie sie die Kinder auf das Gute einstimmt und vor dem Bösen schützt. Mit Böse meine ich auch Pop-Idole wie Lady Gaga, die die Kunst des kalkulierten Skandals und des inszenierten Tabubruchs beherrschen: ihre Choreographie ist Pornofilmen abgeschaut, die Outfits könnten auch in Striplokalen zum Einsatz kommen, die Texte bedürfen keiner Interpretation: »Dieser Beat ist krank«, stöhnt Gaga in einem ihrer Hits, »ich möchte auf deinem Discostab reiten.« Ihre Halbnacktheit versteht Lady Gaga nicht als Selbstpreisgabe, sondern als Panzer. Ansehen ist erwünscht, anfassen unter bestimmten Umständen erlaubt, besitzen jedoch nie. Lady Gaga vergleicht in ihrem Hit »Pokerface« das Liebesspiel mit Zockerei:

*Ich werde dir nicht sagen, dass ich dich liebe*
*werde dich nicht küssen oder umarmen*
*ich bluffe mit meinem Muffin*[*]

Die Engländerin Elly Jackson, besser bekannt als La Roux, zielt in »Bulletproof« in dieselbe Richtung:

*Liebe interessiert mich erst*
*Wenn sie billig ist*
*Ich hab's hinter mir, hab genug rumgemacht*
*Jetzt hab ich Spaß, kritisier mich nicht dafür*

---

[*]  umgangssprachlich für »Vagina«

*Ich lass mich von dir nicht mehr verrückt machen*
*Ab jetzt, Schatz, bin ich kugelsicher.*

Die Lektion ist klar: Gib alles, aber nicht dein Herz. Lessons in Bad Love. Grundschulkinder haben solche Refrains eher parat als die Zehn Gebote. Sie drängeln sich bei den Konzerten in den ersten Reihen, ihre spargeldürren oder dicklichen Oberkörper in T-Shirts gepresst, auf denen »2Hot4You« steht.

Im neuen Pons-Lexikon der Jugendsprache gibt es bei keinem Thema so viele neue Einträge wie beim Sex. Wer Geschlechtsverkehr hat, ist am Ablaichen, wahlweise auch am Blubbern, Bügeln, Bürsteln, Buttern, Durchflöten, Einlochen, Einparken, Fegen, Häggen, Hämmern, Igeln, Knallen, Klatschen, Knödeln, Lachsreinhängen, Lunzen, Mausen, Poppen, Puddan, Rasieren, Ramsen, Schnaddeln, Teebeuteln, Tackern, Utensilienaustauschen. Wenn die vielen Wörter, mit denen junge Leute den Beischlaf bezeichnen, etwas über das Ausmaß ihrer Sexualisierung aussagen, dann steht fest: Die deutsche Jugend ist, verglichen mit den Generationen vor ihr, ziemlich juckig oder gamsig oder, um es traditioneller auszudrücken: geil. Die zweithäufigsten Neologismen betreffen übrigens das männliche Geschlechtsteil.

Ich habe auch nach neuen Wörtern für »Liebe« und »Treue« geblättert.

Trefferquote: null.

»Generation geil« heißt passenderweise der Altersgruppenreport einer 16-jährigen Autorin, die ihr Freizeitverhalten so beschreibt: »Wir tanzten, tranken, flirteten, lachten, feierten, lebten.« Und hatten, wenn man den zehn Autoren glauben kann, ziemlich viel Sex.

Ich selbst wurde irgendwann in der Grundschulzeit durch die »Bravo«-Hefte eines Cousins aufgeklärt. An einem Nachmittag las ich da in der Rubrik »mein erstes Mal« von gefühlten 100 Sex-Debüts. Ich bin trotzdem wieder bei TKKG und den »???« gelandet. Meine ersten Harcore-Pornobilder habe ich mit Mitte 20 zu Gesicht bekommen. Heute kaum noch vorstellbar. Jugendliche surfen zwei Stunden pro Tag im Internet. Acht von zehn 17-Jährigen haben bereits Sexplattformen wie Youporn oder Redtube angeklickt. Jeden Tag läuft, unterhalb des Radars der allgemeinen Öffentlichkeit, ein toxischer Download in die Seelen von Minderjährigen. Kinder, die früh mit pornographischem Material in Berührung gekommen sind, haben früher Sex als andere.

Mit 17 hatten zwei von drei Jugendlichen bereits Geschlechtsverkehr, die Mädchen etwas früher als die Jungen, die Christen früher als die Muslime. Neun von zehn Jugendlichen haben geknutscht oder gefummelt. Zugegeben: Die Zahlen haben sich in den letzten zehn Jahren kaum verändert. Der Sockel des sexuell Machbaren scheint erreicht. Früher geht kaum noch.

Jugendpsychologen bestätigen: Früher Sex ist schädlich. Er deutet überdies auf ein geringeres Bildungsniveau hin.

Eltern, die bei ihren Kindern mit Moralappellen nicht weiterkommen, sollten es mit der folgenden Argumentationslinie versuchen:

Vorbemerkung: Die frauenfeindliche Macho-Weisheit »Dumm f**** gut« ist bekanntlich längst ins Reich der Fabeln überwiesen. Schließlich ist Erotik vor allem Kopfsache, und wenn da nicht viel los ist, dann auch nicht im Bett.

Empirisch hervorragend abgesichert ist hingegen die folgende Einschätzung:

Dumm f**** früh.

Deshalb: Besser nicht.

Es ist vermutlich ein schrecklicher Zufall, aber die beiden Jungen meines Jahrgangs, die im Gymnasium schon in Klasse 8 als große Stecher galten, sind inzwischen an einer Überdosis Drogen gestorben.

Einige Male habe ich, dienstlich und privat, das Berliner Hilfswerk »Arche« besucht. Hierher kommen auch Kinder, die vom Leiter des Hilfswerks, Bernd Siggelkow, als sexuell verwirrt und verwahrlost beschrieben werden: 12-jährige Mädchen, die Komplexe haben, weil sie noch mit keinem Jungen geschlafen haben. Oder die das schon hinter sich haben und mit Freunden, viel Alkohol und der Porno-Sammlung ihrer alleinerziehenden Elternteile am Wochenende Sex-Partys feiern. Gerade bei den Ärmsten ist Sex ein naheliegender Zeitvertreib: Er bringt Spaß zum finanziellen Nulltarif. Das Ausmaß der seelischen Zerstörung, die daraus resultiert, hat Siggelkow in seinem Buch »Deutschlands sexuelle Tragödie« beschrieben. Der Untertitel des Buchs lautet: »Wenn Kinder nicht mehr lernen, was Liebe ist«. Von wem auch, wenn nicht von ihren Eltern? Viele dieser Kinder wachsen ohne Vater auf. Sie reden von ihrem »Erzeuger«, vom »Ex« ihrer Mutter und von deren jetzigen Partnern oder »Lovern«. Oft reichen die Finger an ihren kleinen Händen nicht aus, um die Typen aufzuzählen, die bei Mama ein und aus gehen. Zusammengezogen wird nicht so oft, weil dann das Wohnungsgeld gekürzt würde. Viele der Mütter leben von Sozialtransfers. Feste Beziehungen bringen nichts, jedenfalls kein zusätzliches Geld.

Eine Freundin, die Weiterbildungsangebote für Jugendliche aus Hartz-IV-Familien macht, hat mir einmal entrüstet erzählt: »Die Kids kennen nur Sex. Liebe, sagen die, ist was Altmodisches. Liebe gibt's nicht, sagen sie.« Tausend Mal berührt, tausend Mal was passiert, und irgendwann macht es nicht »Zoom«, sondern »Blub«, und das letzte Tröpfchen Liebesfähigkeit ist abgelaufen.

Für die Kinder, die noch nicht alle Hoffnungen aufgegeben haben, sind die innigsten Wünsche:

- dass Mama und Papa sich nicht mehr streiten.
- dass Mama und Papa wieder zusammenkommen.
- dass Papa mehr Zeit für mich hat.

Das alles trifft auf die Mehrheit der Kinder und Jugendlichen in Deutschland (noch) nicht zu.

Die meisten Minderjährigen hoffen immer noch auf die große Liebe und wünschen sich immer noch Treue. Aber sie zweifeln immer mehr, ob das realisierbar ist. Sie sehnen sich nach einer heilen und ordentlichen Welt, sind aber zu sehr mit dem eigenen Vorwärtskommen beschäftigt, um diese tatsächlich zu gestalten. Außerdem bieten ihnen die weit überzähligen Erwachsenen kaum echte Gestaltungsspielräume.

Die Shell-Jugendstudie 2010, in der die Einstellungen der 12- bis 25-Jährigen beschrieben werden, kommt zu dem Ergebnis: »Insgesamt betrachtet erweisen sich die Jugendlichen in Deutschland nach wie vor als selbstbewusste Generation, die es gelernt hat, mit dem gesellschaftlichen Druck umzugehen, und die sich auch unter schwierigen Rahmenbedingungen behaupten kann.« Allerdings hat diese Generation den Glauben daran verloren, dass sie die Verhältnisse selbst maßgeblich mitgestalten kann. Dafür sind sie aufgrund der demographischen Entwicklung schon zu wenige. Gegessen wird deshalb, was auf den Tisch kommt: »Das Ergebnis ist eine erstaunlich unkritische Generation, die sich nicht gegen die bestehenden Verhältnisse auflehnt und sie noch nicht einmal umkrempeln möchte.« Man schafft sich statt einer neuen, besseren Welt »individualisierte jugendliche Lebenswelten als Kulturnischen des Alltags«.

Statt Aufbruch steht Rückzug auf dem Programm, vorzugsweise irgendwann in ein eigenes Familienheim. Denn die Jugend von heute ist durchaus Pro Familia, immer mehr wollen irgendwann heiraten und Kinder haben. Allerdings räumen die Autoren der Shell-Studie ein, »dass immer weniger junge Erwachsene eine eigene Familie gründen und Kinder bekommen«. Zu lange sind sie damit beschäftigt, Kompetenzen zu hamstern, Praktika zu sammeln, Auslandsaufenthalte zu organisieren.

Seit Gründung der Bundesrepublik haben drei Generationen unser Land geprägt. Die Nachkriegsgeneration, die 68er-Generation und die heutigen Jungerwachsenen und Jugendlichen. Der Psychologe Wolfgang Schmidbauer hat für jede Generation ein eigenes Attribut gefunden. Die 68er beschrieb er als »traumatisiert« von der Nazi-Barbarei, deren Kinder als »arrogant« in ihren Weltverbesserungsutopien und Selbstbeglückungsansprüchen, die Enkel schließlich als »vermeidend« im Hinblick auf Festlegungen in Beruf und Beziehung.

Eine weitere Jugendstudie, herausgegeben vom Kölner

Marktforschungsinstitut »Rheingold«, bestätigt den Befund. »Stark von Zerrissenheitserfahrungen und Krisen« sei das Lebensgefühl der Jugendlichen geprägt. Die Sehnsucht nach Harmonie sei groß, die Bereitschaft, Nähe wirklich zuzulassen, aber gering. Immerhin: »In der Partnerschaft sind Treue und Verlässlichkeit wichtiger als überbordende Leidenschaft.« Aber: »Auch in der Sexualität wird die Selbstkontrolle nie ganz aufgegeben.« Die Lebensträume dieser Jugendlichen könnten spießiger kaum sein: ein Haus, am liebsten am See, einen Partner, am liebsten mit vorheriger Traumzeremonie, Kinder, am liebsten zwei. Im Zweifel werden die Kinder als wichtiger eingeschätzt als der Partner. Denn die bleiben, auch wenn der Partner weg ist.

In einem Interview der *Süddeutschen Zeitung* mit drei Jungschauspielerinnen erklärte eine der drei, die 20-jährige Franziska, warum sie sich ein Kind wünscht: »Dann ist man auch nicht allein, und es bleibt was von einem, wenn man mal stirbt.«

2008 hatte ich das Privileg, als »Journalism Fellow« vier Wochen an einer amerikanischen Elite-Universität zu verbringen. Die »Duke University«, rund 500 Kilometer südlich von Washington, hat einen exzellenten Ruf als wissenschaftliche Kaderschmiede, war aber zuletzt durch verschiedene Sex-Skandale ins Gerede gekommen. Der Erfolgsautor Tom Wolfe hatte die Hook-up-Culture der College Kids, zu Deutsch: Abschleppkultur, sogar zum Thema seines Romans »Ich bin Charlotte Simmons« gemacht. Die Woche über hart und konzentriert büffeln, am Wochenende hart und mit wechselnden Partnern kopulieren, nach dieser Maxime lebten angeblich rund 30 Prozent der hochbegabten

Studenten. Doch die Zeiten änderten sich. Als ich auf dem Campus angekommen war, hatte der Studentenrat soeben beschlossen, Werbung für traditionelle Balzrituale zu machen. Den Auftakt bildete eine »Date Week«. Dort sollten Studenten und Studentinnen lernen, sich erst zum Pizzaessen, Kinogehen, Tanzen zu verbreden, bevor sie zu weiteren Gelegenheiten schritten.

Auch wenn ich schon ein paar Semester älter war, durfte ich an der Eröffnungs-Diskussionsrunde teilnehmen: ein Seminarraum, rund 50 Studentinnen und drei Vertreter der männlichen Studentenschaft, die sich lustlos in Sessel fläzten und die Pizzen mampften, mit denen sie zur Teilnahme bestochen worden waren. Nachdem einige Studentinnen geschildert hatten, dass sie sich eigentlich nach langfristigen Beziehungen sehnten, die männlichen Kommilitonen aber oftmals nur Sex wollten, meldete sich einer der Kerle mit vollem Mund zu Wort: »Meine Mutter hat mir geraten, ich soll bloß nicht vor 30 heiraten. Und bis dahin will ich halt Spaß haben.« Die jungen Frauen nickten stumm und schauten ratlos drein. Ich war ganz dankbar, dass ich meine Adoleszenz hinter mir habe.

Früher gab es nur Kinder und Erwachsene. Erst im letzten Jahrhundert drängte sich die Jugendzeit als eigenständige Lebensphase dazwischen. Seitdem expandiert die Adoleszenz nach vorne und hinten. Sie beginnt mit der Geschlechtsreife, und die ereignet sich so früh wie nie in der Menschheitsgeschichte, mit elf oder zwölf Jahren. Sie endet mit der finanziellen Unabhängigkeit, einem Job, einer Wohnung, einer festen Beziehung, Kindern. Das alles hatte mein Vater mit 24. Ich bin einige Jahre älter und erfülle gerade mal drei von fünf Kriterien. Bin auch ich am Ende ein Ewig-Adoleszenter? Werde ich, wenn ich einmal Vater bin, meine Kinder mit meinem fortgesetzten Jugendwahn nerven? Von einer Jugendpsychologin habe ich im Hinblick auf ultra-hippen die schlaue Einschätzung gelesen: »Eine tätowierte Mutter macht das Jungsein nicht leichter.« Junge Menschen haben heutzutage Probleme, von denen ihre Eltern noch nicht einmal etwas ahnten. In einer von *Neon* herausgegebenen Anthologie kluger Ratschläge fand ich den Tipp 79 besonders nutzwertig. Er beantwortet die Frage: »Wie finde ich den Namen meines One-Night-Stands heraus?« Spontan habe ich gedacht: Deren Probleme möchte ich haben. Und dann: Lieber doch nicht.

**Zweiter Teil**

**Warum nicht?
Moderne Treuekiller**

# 08 Die weißen Hochzeitstauben sind müde

## Statistiken zum Abgewöhnen

> If you search for tenderness
> It isn't hard to find
> You can have the love you need to live
> But if you look for truthfulness
> You might just as well be blind.
> It always seems to be so hard to give.
>
> *(Billy Joel, Honesty)*

Vor vier Jahren, kurz vor Weihnachten, rief mich mein Vater in sein Büro. Er hatte die alten Kirchenbücher aufgeschlagen: angegilbte Riesenwälzer, die bis ins 17. Jahrhundert zurückreichen und in denen Hochzeiten, Beerdigungen und Taufen registriert sind. »Guck dir das an«, sagte mein Vater kopfschüttelnd, »das gab's noch nie.« Was er meinte, war: Zum ersten Mal in den schriftlich erhaltenen Annalen unserer evangelischen Gemeinde endete ein Jahr, ohne dass ein Paar heiratete. Hochzeiten hatten zwar wieder jede Menge stattgefunden, aber an denen waren nur Auswärtige beteiligt gewesen. Ich habe die Kirchenbücher selbst durchgeblättert. Tatsächlich: Selbst der Dreißigjährige Krieg und die beiden Weltkriege hatten junge Menschen nicht davon abgehalten, sich vermählen zu lassen. Aber jetzt, am Anfang des 21. Jahrhunderts, blieb die Spalte »Trauungen« leer. Weit über ein Dutzend Einträge gab es dafür bei den Trauerfällen. Ungefähr um dieselbe Zeit machte der Dorfkindergarten dicht, auch der Kindergottesdienst fand nur noch sporadisch statt, und wenn händchenhaltende Paare am Pfarrhaus vorbeiflanierten, waren die überwiegend älter als 40. Ich dachte damals: Mein Vater hat einen guten Zeitpunkt erwischt, um in den Ruhestand zu gehen.

Vielleicht liegt das daran, dass viele junge Menschen in Großstädte abgewandert sind. Wie ich, den es nach Berlin zog. Hier dürften die Kirchenbücher gemessen an der Bevölkerungsanzahl allerdings auch nicht viel mehr Heiratseinträge hergeben. Die Singlequote liegt bei über 50 Prozent.

Deutschland wird zum Beziehungsnotstandsgebiet. Das besagen auch die Fakten, ermittelt vom Statistischen Bundesamt: Die Zahlen sind in den letzten zehn Jahren ziemlich konstant geblieben.

- Die Anzahl der Scheidungen pro 1000 Einwohner hat sich in den letzten 50 Jahren ungefähr verdoppelt.
- Die Anzahl der Hochzeiten pro 1000 Einwohner hat sich im selben Zeitraum ungefähr halbiert.

Noch ein paar Zahlen, herausgegeben von verschiedenen Instituten:

- Das durchschnittliche Heiratsalter von Frauen liegt bei 30 Jahren, von Männern bei 33 Jahren. In den siebziger Jahren lag das Heiratsalter bei 23 bzw. 25 Jahren. In nahezu keinem Land der Welt heiraten die Menschen so spät wie in Deutschland. In nahezu keinem Land der Welt gibt es so viele Frauen unter 40, die noch nie verheiratet waren. Bei den unter 55-Jährigen gibt es mehr männliche Singles, darüber mehr weibliche. Frauen sind eher von Alterseinsamkeit betroffen.

- Wer heute heiratet, hat ein Scheidungsrisiko von fast 50 Prozent. Der Zeitraum mit den meisten Scheidungen sind die ersten fünf Ehejahre. Das Jahr mit den meisten Scheidungen ist, wen wundert's, das siebte.
- Das Scheidungsrisiko steigt, wenn einer der Partner bereits verheiratet war.
- Die durchschnittliche Dauer einer Ehe ist in den letzten Jahren leicht gestiegen, auf etwas über zehn Jahre. Die durchschnittliche Dauer, die Deutsche bei einem Arbeitgeber bzw. in einer Anstellung bleiben, liegt etwas darüber, derzeit bei 10,8 Jahren, Tendenz steigend. Das heißt: Wir sind unseren Chefs treuer als unseren Partnern!
- Immer öfter lassen sich auch langjährig verheiratete Paare scheiden, etwa nach der Silberhochzeit.
- Fast zwei Drittel der Scheidungen werden von Frauen eingereicht.
- 20 Prozent der Scheidungen werden offiziell mit Seitensprüngen und Affären begründet.
- Jedes dritte Kind erlebt bis zu seinem 15. Geburtstag die Scheidung der Eltern. Bei jeder zweiten Scheidung sind minderjährige Kinder mitbetroffen. Jedes fünfte Kind wächst nur mit einem Elternteil auf, vor zehn Jahren war es noch jedes siebte Kind. Das Scheidungsrisiko ist bei Scheidungskindern doppelt so groß wie bei anderen.
- Neun von zehn Alleinerziehenden sind Frauen.

Das Thema meines Buches ist allerdings nicht die Ehe und deren Auflösung, sondern die Treue bzw. Untreue, und beides hat nicht immer miteinander zu tun. Tatsächlich werden etwa 80 Prozent der Ehen einvernehmlich geschieden und nur 20 Prozent der Scheidungen mit Seitensprüngen und Affären eines Partners begründet. Das Unvermögen, langfristige Beziehungen aufrechtzuerhalten, ist das eine Problem, das Unterminieren oder sogar Terminieren von Beziehungen durch sexuelle Eskapaden das andere.

Einen Weltatlas der Untreue hat 2007 die amerikanische Journalistin Pamela Druckerman veröffentlicht. In »Lust in Translation« setzt sie sich auf die Spur der »Untreue von Tokio nach Tennessee«. Sie forschte nach der Häufigkeit von Untreue in festen Partnerschaften, mit oder ohne Trauschein. Unter Einbeziehung verschiedener Statistiken hatte sie ein Untreue-Ranking erstellt.

- Allgemein gilt: Je heißer, je südlicher, je ärmer ein Land, desto häufiger wird fremdgegangen.
- Spitzenreiter unter den Erdteilen ist Afrika, gefolgt von Lateinamerika, Asien, allerdings nur den nichtmuslimischen Ländern, und Europa.
- In Europa bekennen die Norweger und Briten die meisten Seitensprünge, die Schweizer die wenigsten. Deutschland ist in der Statistik nicht erfasst, bewegt sich aber anderen Berechnungen zufolge im europäischen Mittelfeld.
- Die USA sind, in Sachen Untreue, europäischer Durchschnitt; allerdings ist die Seitensprung-Quote in den vermeintlich prüden Vereinigten Staaten höher als in Frankreich und Italien.

Glaubt man Pamela Druckerman, geht ein Drittel der Männer in den meisten afrikanischen Ländern regelmäßig fremd, aber nicht einmal ein Zehntel der Männer in Europa und den USA.

Die Frauen bekennen insgesamt erheblich weniger außereheliche Sexkontakte. Andere Statistiken, die meisten aus den USA, zeigen in dieselbe Richtung. Unklar ist dabei, ob Frauen tatsächlich treuer sind oder ob sie nur besser lügen, weil sie das Schlampen-Image mehr fürchten als Männer den Ruf des Erotomanen. Noch mehr Fakten:

- 10 Prozent der Menschen sind im letzten Jahr fremdgegangen; die Männer etwas häufiger, die Frauen etwas weniger häufig.
- 20 bis 25 Prozent der Männer sind irgendwann einmal fremdgegangen. Bei den Frauen sind es 10 bis 15 Prozent.
- Männliche Untreue ist konstant, weibliche Untreue nimmt zu.
- Untreue zwischen 30 und 59 Jahren ist konstant oder sogar rückläufig, Untreue bis 30 und über 60 nimmt zu; bei den Jüngeren vermutlich wegen der Vielzahl von Gelegenheiten, bei den Älteren vermutlich wegen Viagra.
- Etwa 10 Prozent der Kinder, die in einer festen Partnerschaft geboren werden, sind von einem anderen Mann gezeugt worden.
- Jeder zehnte Seitensprung geht nicht über einen One-Night-Stand hinaus, jeder zweite entwickelt sich zu einer langfristigen Affäre.
- Die meisten Affären beginnen am Arbeitsplatz und im Urlaub.

- Ein höheres Seitensprungrisiko hat, wer regelmäßig Pornos sieht.
- In Deutschland gibt es fast eine halbe Million Prostituierte, von denen die Hälfte aus dem Ausland kommen; über eine Million Männer nimmt pro Tag eine sexuelle Dienstleistung in Anspruch.

Obwohl Beziehungen immer stärker unter Druck kommen, hat sich an der grundsätzlich positiven Einstellung zu Ehe und Liebe nicht viel geändert, jedenfalls nicht in Deutschland. Das Institut für Demoskopie Allensbach hat in den Jahren 2006 bis 2008 mehrere Umfragen durchgeführt, deren Ergebnisse Ehe-Fans wie mir Mut machen:

- Vier von fünf verheirateten Deutschen sind mit ihrer Ehe bzw. Partnerschaft zufrieden, die Männer etwas mehr als die Frauen. (In einer vergleichbaren amerikanischen Umfrage behaupten zwei von drei Befragten sogar, dass sie mehr in ihren Ehepartner verliebt sind als zum Zeitpunkt der Eheschließung.)
- Drei von vier verheirateten Deutschen glauben, dass ihre Ehe lebenslang hält; bei unverheirateten Paaren sind es nur 30 Prozent.
- 70 Prozent der Westdeutschen widersprechen der These, dass die Ehe eine veraltete Institution ist, verglichen mit 66 Prozent der Ostdeutschen. Allerdings waren es vor zwanzig Jahren noch 77 bzw. 73 Prozent.
- 64 Prozent der Deutschen glauben an die große Liebe, nur 20 Prozent glauben nicht, dass es sie gibt. Allerdings ist die Sehnsucht nach der einen herrlichen Romanze bei Frauen stärker ausgeprägt als bei Män-

nern. Bei den Jung-Erwachsenen, den 16- bis 29-Jährigen, glauben drei Viertel der Frauen und nur die Hälfte der Männer an die große Liebe, bei den über 60-jährigen sind beide Geschlechter gleichauf bei je 66 Prozent. Das heißt: Männer werden im Alter romantischer, Frauen eher desillusionierter, Männer sehen eher die Zukunft rosarot, Frauen die Vergangenheit.

Es besteht also kein Anlass zur Panik, aber zur Sorge. Eine neue »Ängste-Studie« zeigt in dieselbe Richtung. Danach hat sich der Anteil der Menschen, die Angst vor einem Ende ihrer Beziehung haben, im letzten Jahr von 16 auf 23 Prozent erhöht.

Trennungen und Treuebrüche breiten sich nicht epidemisch aus. Der große Beziehungsknick fand bereits in den siebziger Jahren statt, seitdem gibt es auf historisch niedrigem Niveau nur noch leichte Veränderungen, die weisen allerdings konstant nach unten. Und die Generation der Scheidungskinder, bei denen die Eheskepsis und Scheidungsbereitschaft größer ausgeprägt ist als bei anderen, drängt ja erst jetzt auf den potenziellen Heiratsmarkt. Natürlich gibt es da noch die Kinder mit Migrationshintergrund, meistens muslimischem. Aber die bleiben überwiegend unter sich. Vielleicht auch deshalb, weil sie keine Lust haben, sich an den deutschen Scheidungsdurchschnitt heran zu assimilieren.

**Männer sind vom Mars,
Frauen auch**

## Machokultur

»Ich. Du. Fuck. Fuck.«
*(Fußballstar Cristiano Ronaldo
zu kalifornischer Kellnerin)*

Die Fakten sind ziemlich eindeutig. Es gibt mehr Scheidungen, weil die Frauen sie öfter einreichen. Es gibt mehr außereheliche Affären, weil die verheirateten Frauen öfter als früher eine haben.

Klarer Fall: Die Frauen sind schuld an der neuen Untreue.

Aber: Die Männer haben angefangen.

Der promiskuitive Mann ist Old School. Ihn gibt's seit Jahrtausenden. Jetzt hat er Konkurrenz bekommen. Früher sorgten Frauen für die Treuekonstante im Beziehungsleben. Heute gibt es da zwei Treuevariablen. Wo es nur zwei Spielbeine und kein Standbein gibt, fällt Mann schneller auf die Schnauze.

Der Grund ist leicht einsichtig: Die Frauen haben die Faxen dicke. In letzter Zeit begegne ich immer wieder Frauen, die mir erzählen, dass sie auch gerne Beziehungsbücher schreiben würden. Sie hätten schon die Titel dafür: »Rätsel Mann«, »Irrsinn Mann«, »Arschloch Mann«. Vor ein paar Jahrzehnten klagte die Countrysängerin Tammy Wynette in »Stand By Your Man«: »Manchmal ist es hart, eine Frau zu sein und alle deine Liebe nur einem Mann zu geben.« In einem Klima, in dem niemand sanktioniert wird, wenn er sexuell hyperaktiv ist, und niemand sanktifiziert wird, wenn er die eine große Liebe zu leben versucht, wird es auch für Frauen zunehmend leichter, sich ein Leben zu komponieren, das facettenreich ist: einen Teddy zum Kuscheln und Anschaffen und einen heimlichen Galan für die Abenteuer der Sinne.

Ein Filmregisseur, der sich mit Geschlechterungerechtigkeit gut auskannte, war Alfred Hitchcock. In vielen seiner Filme, etwa »Berüchtigt« (1946) mit Cary Grant und Ingrid Bergman, geht es um Männer, die Frauen dafür hassen, dass sie tun, wozu Männer sie zwingen. Das ist auch der Fall bei Roger O. Thornhill, dem Protagonisten in »Der unsichtbare Dritte« (1959), ebenfalls gespielt von Cary Grant. Das »O« könnte auch für Ödipus stehen, denn Hitchcocks Helden leiden oft unter Mutterkomplexen und Bindungsstörungen. Wie Thornhill, der in der Werbebranche arbeitet, abends mit seiner Mutter um die Häuser zieht und plötzlich unverschuldet in einen Spionagefall hineingezogen wird. Er geht einer schönen Agentin auf den Leim. Sie heißt Eve. Beim klärenden Gespräch zwischen den beiden dreht Eve den Spieß bzw. Opfer- und Täterrolle um.

*Roger: Und so wurdest du Agentin ...?*
*Eve: Vielleicht weil es das erste Mal war, dass jemand mich gebeten hatte, etwas Sinnvolles zu tun.*
*Roger: War dein Leben wirklich so schlimm?*
*Eve: Hm.*
*Roger: Was war schuld daran?*
*Eve: Männer wie du.*
*Roger: Was ist das Problem mit Männern wie mir?*
*Eve: Sie glauben nicht an die Ehe.*

*Roger: Ich war schon zweimal verheiratet!*
*Eve: Siehst du.*

Mittlerweile schlägt das Imperium der Frauen zurück. Im 19. Jahrhundert seufzte der Dramatiker Johann Nestroy neidvoll: »Die Frauen haben's gut. Sie rauchen nicht. Sie trinken nicht. Und Frauen sind sie selbst.« Heute rauchen mehr Frauen als Männer, trinken fast auch genauso viel und haben mit dem Frausein selbst ihre Schwierigkeiten.

»Endlich Sex haben wie ein Mann«, titelt das Frauenmagazin *Cosmopolitan*. Gemeint ist wohl: endlich auf die Jagd gehen, Männer einsammeln und abschleppen in die eigene Höhle, mit ihnen Sex haben und sie nachher ohne Gewissensbisse und Reputationsverlust wieder nach draußen setzen. Wie die Frau, die in einem Berliner Stadtmagazin berichtet hat, mit welcher Floskel sie ihre One-Night-Stands beendet: »Hör mal, ich will gleich frühstücken, und das alleine. Deswegen fände ich es super, wenn du jetzt gehst.« Das Copyright auf solche Abschiedsfloskeln hatten früher Männer. Mit frauenverachtenden Sprüchen geizen sie immer noch nicht, wie der Motorradfahrer, auf dessen nietenbesetzter Lederjacke der schlechte Kalauer stand: »Wenn du das hier lesen kannst, ist die Schlampe runtergefallen.«

Zu ihrem 30. Geburtstag spendierte die *Cosmopolitan* ihren Leserinnen die neueste Sex-Umfrage. Darin wurde vermeldet, dass der Prozentsatz der Frauen, die angaben, sich regelmäßig eine »lustvolle Me-Time« zu gönnen (auf Deutsch: sich selbst zu befriedigen) in den letzten 30 Jahren von 20 auf 80 gestiegen ist. Einen möglichen Grund lieferte die *Cosmopolitan* gleich mit:

»Sie hat Lust, er nicht: Männer in der Erotik-Krise«. Das Fazit des Artikels: »Das Selbstbewusstsein der Frauen ist deutlich gestiegen. Wir wissen, was wir wollen und wie wir es bekommen.« Notfalls auch alleine. Notfalls auch mit neuen Partnern. Auf insgesamt sechs Lover kommt laut *Cosmopolitan* die Durchschnittsfrau.

Männer hatten schon immer ein elastischeres Verhältnis zur Monogamie. Einerseits, weil sie instinktiv einem Genverbreitungsprogramm folgen, das eher auf Masse als auf Klasse setzt und in Zeiten der Überbevölkerung eigentlich ausgedient hat. Zweitens, weil für sie das galt, was Bill Clinton als Begründung für seine Affäre mit Monica Lewinsky anführte: »Ich habe es gemacht, weil ich konnte.«

Die höchstdekorierte Fernsehserie der letzten Jahre heißt »Mad Men«. Wer im Gespräch mit hippen Zeitgenossen Eindruck schinden will, muss nur einfließen lassen, dass er alle Staffeln auf DVD besitzt. Mir haben zwei Folgen gereicht, um mich ziemlich melancholisch zu stimmen. In der Serie geht es um überdrehte Männer aus der Werbebranche, »Ad Men«, die in den frühen sechziger Jahren Produkte für Frauen bewerben und die Frauen wie Produkte behandeln. Die Männer trinken hart, rauchen viel und huren oft. Ihre Krawatten sitzen fest, ihre Gürtel locker. Wirklich glücklich wird keiner. Der Vorspann sagt bereits alles: Eine männliche Zeichentrickfigur bewegt sich im freien Fall an überlebensgroßen Postern mit schönen Frauen vorbei hinunter in den Abgrund. Die Frauen auf den Postern schauen leb- und leidenschaftslos hinterher.

Frauen konnten lange nicht, wie sie wollten, und wenn, wurden sie hart bestraft. Wie Hester Prynne, die Protagonistin von Nathanael Hawthornes »Der scharlachrote Buchstabe«: Weil sie sich, während ihr Mann verschollen ist, vom Dorfpfarrer schwängern lässt, wird sie mit einem scharlachroten »A« für »Adulteress«, also: Ehebrecherin, gebrandmarkt. Männer behielten bei dem gleichen Vergehen meistens eine weiße Weste. Gar nicht geschlechtergerecht verläuft auch Homers Epos über die Irrfahrten des Odysseus. Dessen Ehefrau Penelope bleibt ihm zehn Jahre treu, obwohl sie ihn für tot hält und zehn Jahre lang von über hundert Freiern belagert wird. In derselben Zeit lässt sich Odysseus ein Jahr lang von der Zauberin Circe sexuell verwöhnen, dann noch einmal sieben Jahre lang von der Nixe Calypso, bevor er zu Penelope zurückkehrt. Die Freier tötet er bis auf den letzten Mann.

Wenn Männer in der Vergangenheit fremdgingen, stilisierten sie sich gerne zu Opfern weiblicher Triebhaftigkeit. Deshalb wimmelt es in weltlichen und religiösen Schriften der voraufklärerischen Zeit von Warnungen vor Verführerinnen. Das kann man mit der Angst vor Kuckuckskindern erklären, aber auch mit der Ahnung, dass die fragile Beziehungsbalance endgültig ins Chaos kippt, wenn die Frauen anfangen, sich ein xy für ein xx vorzumachen und selbst die Keuschheitsgürtel ablegen.

Doch das weibliche Schicksal war über weite Strecken der Menschheitsgeschichte ein abhängiges. Wie in Andersens Märchen von der kleinen Meerjungfrau. Sie wünscht sich nichts mehr als eine menschliche Seele. Dafür muss sie aber die treue Liebe des Prinzen gewinnen: »Von einer fremden Macht hängt ihr ewiges Dasein ab«, schreibt Andersen. Der Prinz begreift ihren Wunsch nach Erlösung durch Liebe nicht und heiratet eine andere. Die kleine Meerjungfrau muss sich nun als ein Luftgeist die Seele durch gute Taten verdienen.

Dass sich die Verhältnisse ändern, zeichnet sich spätestens seit der zweiten Hälfte des 19. Jahrhunderts ab. Die Weltliteratur ist auf einmal bevölkert von lauter Desperate Housewives.

- Den Anfang macht die Arztfrau Emma Bovary, die in fremden Betten nach echter Romantik sucht und sich am Schluss vergiftet.
- Dann kommt die Politikergattin Anna Karenina, die sich nach Bewunderung und Wärme sehnt und sich am Ende vor den Zug wirft. Bezeichnenderweise bleiben die Seitensprünge ihres Bruders ungesühnt. Dessen brave Frau fügt sich in ihr Schicksal.
- Auch die jung verheiratete Effi Briest muss ihre Affäre teuer bezahlen. Sie verliert alles, kann froh sein, dass ihre Eltern sie bei sich aufnehmen, und stirbt mit nur 29 Jahren an gebrochenem Herzen.
- Mehr Glück hat Ibsens Nora, eine Bürgerliche. Sie ist verheiratet mit einem Juristen, der sie wie ein Püppchen behandelt. Sie verlässt ihn. Gesellschaftliche Sanktionen gibt es keine.
- Ein halbes Jahrhundert später, 1928, kommt D. H. Lawrences »Lady Chatterleys Liebhaber« heraus. Constance Chatterley betrügt ihren querschnittsgelähmten Gatten mit dem Wildhüter. Auch hier bleiben harte Konsequenzen aus.

Die Verhältnisse haben sich geändert.
Es geht allmählich was:
Die Frau.

Erstmals in der Menschheitsgeschichte kommt es im Wettbewerb um Geld und Macht nicht auf Muskeln an, sondern auf Geist und Kommunikationsfähigkeit, und da können Frauen locker mithalten. Schon jetzt erledigen sie angeblich zwei Drittel der weltweit anfallenden Arbeit. Auch in den Industrienationen ist das Ende der beruflichen Männerdominanz besiegelt: Frauen machen die besseren Abschlüsse und ziehen auch beim Wettbewerb um höhere Positionen nicht länger zurück. Das amerikanische Intellektuellenmagazin *The Atlantic Monthly* beschwört in einer Titelgeschichte bereits »Das Ende des Mannes« herauf. Das *Süddeutsche Magazin* titelt: »Die Revolution ist in vollem Gang, es merkt nur keiner. Frauen übernehmen die Macht, leise, unaufgeregt, unaufhaltsam.«

Doch die Welt wird dadurch paradoxerweise nicht weiblicher, zumindest bis jetzt nicht. Auf die Frage »zu dir oder mir?« haben die Männer, die bekanntlich vom Mars kommen, mit verschränkten Armen und Sitzstreik reagiert; und den Bewohnerinnen der Venus blieb nichts anderes übrig, als selbst auf den Mars umzusiedeln, eine Welt, die nach den Prinzipien Macht, Stärke, Kontrolle funktioniert. Immer mehr Frauen tummeln sich in Bereichen, die bisher Männern vorbehalten waren: Vorstandsetagen, Maschinenbaufabriken, Bundeswehrlagern, Fankurven, OBI-Geschäften und auch in Beate-Uhse-Shops.

Der Versuch, die Männerdomäne Porno für ein weibliches Publikum zu erschließen, war bisher allerdings nicht sonderlich erfolgreich. Diese Erfahrung hat die Schriftstellerin Elfriede Jelinek gemacht, der alles Mögliche nachgesagt wird, nur kein entspanntes Verhältnis zu sich selbst, zum eigenen und zum anderen Geschlecht. Sie kritisierte ihren eigenen Roman »Lust« als Fehlschlag und bekannte: »Ich wollte eine weibliche Sprache für das Obszöne finden. Aber im Schreiben hat der Text mich zerstört. […] Ich habe erkannt, dass eine Frau diesen Anspruch nicht einlösen kann, zumindest nicht beim derzeitigen Zustand der Gesellschaft. Beim Schreiben wurde mir klar, dass die Männer die pornographische Sprache mehr als jede andere, sogar mehr als die Kriegs- und Militärsprache, für sich usurpiert haben.«

Tatsächlich ist der Pornoblick immer der Männerblick. Er schneidet das Ganze des Liebesakts in genitale Einzelheiten auf, er degradiert das »Du« zum »Es«, während Frauen es lieber zum »Wir« aufwerten wollen. Derzeit erobern erotische Frauenromane mit reißerischen Titeln wie »Vögelfrei« und »Tiefer« den Buchmarkt. Meistens enden sie nicht wie die Männerpornos in der Horizontalen, sondern in der Vertikalen: wenn Frau und Mann als glückliches Paar voreinander stehen und sich liebe Sachen sagen. Zum Beispiel: »Ja, ich will.«

Immer mehr Frauen ziehen es vor, sich nicht in vorauseilendem Gehorsam für ein späteres Familien-»Wir« vorzubereiten, sondern lieber am »Ich« zu arbeiten und sich damit resistent gegen Männerlaunen zu machen. In dem Frauenselbstporträt »Neue deutsche Mädchen« schreibt im Schlusskapitel »Mädchenkram. Über die lange Liebe« eine der beiden Autorinnen, Elisabeth Raether: »Es war für mich eine durch und durch erleichternde Einsicht, dass nicht ein Mann mich glücklich machen würde, sondern mir dies selbst gelingen muss.«

Muss!

Autonomie ist nun auch für Frauen fundamental. Liebe, Beziehung, Familie optional. Netterweise assistiert da der Staat. Wer sich nach dem neuen Unterhaltsrecht als Frau auf die optionale Seite schlägt – sagen wir so: Wer sich als Frau voll reinhängt, ein paar Kinder gebiert, aufzieht, bildet, sie psychisch stabil und damit gesellschaftsfähig und leistungsbereit macht und wer dann zum Dank für den unbezahlbaren No-Money-Job verlassen wird – der ist auch verlassen. Der darf sich bei der Agentur hinten anstellen und sich Hartz-IV-technisch beraten lassen.

In der Frauenpower-Hymne der siebziger Jahre jubilierte die Australierin Helen Reddy:

> *I am strong!*
> *I am invincible!*
> *I AM WOMAN!!!*

Inzwischen ist Helen Reddy dreifach geschieden, lebt alleine und bestreitet ihren Lebensunterhalt mit Auftritten bei Frauenkonferenzen.

Dass beim wettbewerbsorientierten Geschlechterspiel sowohl Männer als auch Frauen verlieren, zeigt die Hollywood-Tragikomödie »Up in the Air« (Regie: Jason Reitman, USA 2009). George Clooney spielt den Geschäftsreisenden Ryan, der nicht nur einen hohen Frauenverschleiß, sondern auch eine ausgeprägte Bindungsstörung hat. Endlich verliebt er sich, und zwar in eine Frau aus derselben Branche, Alex, dargestellt von Vera Farmiga. Er glaubt, mit ihr endlich in den Hafen der Ehe einfahren zu können. Als er sie spontan in ihrer Privatwohnung besucht, stellt er fest, dass sie bereits verheiratet ist, eine Familie hat und nur eine Affäre wollte. Sie hat ihn mit seinen eigenen Waffen geschlagen.

In der Friedens- und Konfliktforschung ist es eine Banalität: beiderseitige Aufrüstung führt nicht zu friedvoller Harmonie, sondern günstigstenfalls zum kalten Krieg. Und der ist entbrannt, nicht nur zwischen den Geschlechtern, sondern auch innerhalb der Geschlechter. Die neuen She-Wolves solidarisieren sich nicht etwa gegen das Patriarchat, sondern liefern sich einen manchmal erbitterten Wettstreit um die besten Partien. Dabei geht es zu wie in der Steinzeit. Weil nämlich unsere Natur ziemlich träge ist und nicht brav zum Zeitgeist aufschließt, stehen Männer immer noch auf schöne Frauen, die oft jünger und kleingewachsener und niedriger qualifiziert sind, und Frauen immer noch auf starke Männer, die meistens älter und größer und erfolgreicher sind. Sexy Babes schnurren sich mit High Heels, kurzen Röckchen und engen Tops an die Mr. Bigs heran und versauen den smarten Akademikerinnen die Preise. Bei Männern verlaufen die Erfolgskurven, was die Chancen auf dem Arbeits- und auf dem Paarungsmarkt angeht, ziemlich gleichmäßig. Bei den Frauen gehen sie ab 30 auseinander.

Früher sagte man: »Hinter jedem erfolgreichen Mann steht eine starke Frau.« – Heute lästern meine Kolleginnen: »Hinter jeder erfolgreichen Frau steht ein Mann, der ihr auf den Arsch glotzt.« – Nachdem ich zahllose Empfänge besucht und dort das Flirtverhalten von Männern beobachtet habe, drängt sich mir ein anderer politisch inkorrekter, aber vermutlich noch zutreffenderer Satz auf:

»Hinter jeder erfolgreichen Frau steht ein Mann, der ihrer Sekretärin auf den Arsch glotzt.«

Kein Wunder, dass die klugen Frauen allmählich den Blues kriegen. Auf den ersten Blick abgeklärt daher kommt das Buch der Journalistin Iris Radisch »Die Schule der Frauen. Wie wir die Familie neu erfinden«. Doch zwischen den Buchdeckeln begegnet dem Leser eine ziemlich wütende, sogar verunsicherte Autorin. Sie stellt fest: »Die Vorlieben der überwältigenden Mehrzahl der Männer für die sozial unterlegene Weiblichkeit sind barbarisch und für die Frauen tief beschämend und demütigend.« Wogegen richtet sich ihre Klage? Gegen die Natur, die dafür gesorgt hat, dass Männer auf rosa Haut, stupsige Nasen und große Augen, die am besten noch zu ihnen aufsehen, abfahren? Iris Radisch gibt zu: »Die interessantesten, beruflich engagiertesten, erfolgreichsten Frauen sind in der Regel die einsamsten.«

Denn die Konkurrenz schläft nicht ... alleine.

Als ich zuletzt in Chicago war, habe ich mit Freunden eine Bar besucht. Ich wurde darüber informiert, dass ich im »Viagra Dreieck« gelandet sei, wo angegraute Millionäre sich an klamme Vorstadtgirls heranwanzen. Die jungen Frauen suchen sich sogenannte »Sugardaddys«, manchmal auch im Internet. Unterkapitalisierte Studentinnen stellen sich liquiden Vorruheständlern als Teilzeitgeliebte zur Verfügung. Inzwischen haben auch Prostituierte die Marktlücke entdeckt und bieten Männern, die mehr als nur Geschlechtsverkehr wollen, das sogenannte »Girlfriend Experience« an, das Freundinnen-Erlebnis: Sex und dazu Händchen halten.

Häufig ist es die Erfahrung mit männlicher Untreue, manchmal auch mit sexuellem Missbrauch durch Männer, die Frauen dahin bringt. »Das ist ja die Geschichte so vieler«, hat schon vor über 200 Jahren Friedrich

Schlegel in dem damaligen Skandalroman »Lucinde« geschrieben: »Erst scheuen sie die Männer, dann werden sie unwürdigen hingegeben, welche sie bald hassen oder betrügen, bis sie sich selbst und die weibliche Bestimmung verachten. Ihre kleine Erfahrung halten sie für allgemein und alles andere für lächerlich. Jener enge Kreis von Roheit und Gemeinheit, in dem sie sich beständig drehen, ist für sie die ganze Welt.«

Tatsächlich kommen Frauen den allzeit bereiten Kerlen viel schneller entgegen als früher. Jede vierte Frau kann sich angeblich vorstellen, bereits beim ersten Date Sex zu haben. Vor zehn Jahren war es nur jede zehnte Frau.

Das Copyright auf die schnörkelloseste Verbalanmache kann der portugiesische Fußballstar Cristiano Ronaldo für sich beanspruchen, ein Schönling und ein Schönspieler. Auf dem Fußballplatz verdribbelt er sich schon mal, hat nicht immer den direkten Zug zum Tor, sucht nicht den schnellen Abschluss. Abseits des Platzes schon. In Los Angeles soll er zu einer Kellnerin gesagt haben: »Me. You. Fuck. Fuck?« Die Frau sagte ja. Neun Monate später wurde Ronaldo Vater und nach einem Vaterschaftstest um 15 Millionen Euro ärmer.

Für die kalifornische Kellnerin hatte sich der Quickie immerhin finanziell gelohnt. Sie hat ausgesorgt. Dummerweise besteht das Leben nicht nur aus Geld. Meistens gehen die Frauen, die sich auf das Abenteuer einlassen, leer aus, vor allem seelisch. Insgeheim haben sie vielleicht doch auf mehr gehofft, auf eine tiefere Verbindung, um dann zu merken: Kein Anschluss unter dieser schnellen Nummer.

Was Frauen wirklich wollen, erkenne ich an der Warteschlange vor dem Musicaltheater in Berlin. Hier wird seit vielen Monaten mit großem Erfolg die Bühnenversion von »Dirty Dancing« aufgeführt. Ein paar Besucherinnen kommen mit ihren Partnern, die meisten alleine. Auf den Werbeplakaten steht der Satz, den die meisten jungen Frauen besser aufsagen können als den Beginn des Vaterunsers:

*»Mein Baby gehört zu mir, ist das klar!?«*

Die Sehnsucht, die hier mitschwingt, ist dieselbe, die Marianne Rosenbergs »Er gehört zu mir« zum Evergreen gemacht hat:

*Er gehört zu mir.*
*Und ich weiß: Er bleibt hier!*

Natürlich gibt es solche Männer. Einige ganz tolle Exemplare sind meine besten Freunde. Wie ein ehemaliger Schulkamerad, der in seinem Top-Beruf eine genauso gute Figur macht wie hinter einem DJ-Pult, auf dem Golf- und Tennisplatz und überhaupt bei allem, was er anfängt. Ein Gewinnertyp, dem auch die Frauenherzen zufliegen. Vor ein paar Jahren fand er seine bisher einzige große Liebe. Wenige Wochen nachdem sie zaghafte erste Beziehungsschritte unternommen hatten, wurde bei ihr ein besonders bösartiger Krebs diagnostiziert. Mein Freund pflegte sie treu und aufopferungsvoll, bis sie starb. Er war nie untreu. Er beklagte sich nie. Er kam wohl eher von der Venus als vom Mars.

# 10  Marmor, Stein und Latex

## Konsumterror

> Now it seems to me, some fine things
> Have been laid upon your table
> But you only want the ones that you can't get
> Desperado, oh, you ain't gettin' no youger
> Your pain and your hunger, they're drivin' you home
> And freedom, oh freedom, well, that's just some people talkin'
> Your prison is walking through this world all alone.
>
> *(Eagles, Desperado)*

**S**ie war die Schönste und Netteste. Ein bisschen unerfahren und weltfremd, weil man sie so lange eingesperrt und gegängelt hatte, aber eine zutiefst treue Seele. Er sah auch gut aus, hatte Muskeln und Verstand und den Ruf, dass er was gebacken kriegte. Aber tief drinnen war er ein herzloses, zynisches Arschloch. Die Katastrophe war besiegelt, als die beiden aufeinandertrafen und miteinander ins Bett gingen:

Die Liebe und der Markt.

Im Beziehungsjargon würde man sagen: Die beiden tun sich einfach nicht gut.

Wir sprechen heute über Beziehungen wie BWL-Studenten über ihre Aktienkäufe. Wir reden von »Marktwert« und »Kursverfall«, wir wollen in Liebessachen einen »guten Deal« machen und uns nicht »unter Preis verkaufen«. Immerzu vergleichen und bewerten wir und nehmen wahr, wie uns andere mit anderen Menschen vergleichen und den Daumen entweder heben oder senken. Und immer wieder foltern wir uns mit den glücksinquisitorischen Fragen: Fühle ich mich gut? Passt alles? Oder soll ich mich verändern?

Zugegeben: Die Ökonomisierung von Paarbeziehungen ist keine Erfindung der Moderne. Im Mittelalter handelten die Familienverbände die Eheverträge aus: Der Mann bekam die Braut und, weil er sie künftig versorgen musste, eine Mitgift dazu, Geld, Viehzeug oder Grundstück. Umgekehrt sehen die Verhältnisse noch heute in manchen afrikanischen Ländern aus. Eine Studentin aus Malawi hat mir berichtet, dass die Männer dort die Frauen ihren Familien abkaufen, mit der Folge, dass diese kein Rückkehrrecht mehr haben und oft die schlimmsten Demütigungen ertragen müssen.

Aber in diesen Fällen geht es um die Ehe als Versorgungsgemeinschaft. Liebe ist erwünscht, aber nicht unbedingt erforderlich.

Bei uns hingegen wird die Liebe selbst, das schönste Gefühl, die größte Tugend, der höchste Wert, zum Wirtschaftsfaktor und zum Werbeträger.

Wir sind nie gefragt worden: Wollt ihr den totalen Markt? Aber wir sind auf dem Weg dahin: in die Weltkonsumgesellschaft.

Alle sind Kunden.

Alle sind Verkäufer.

Alle sind Waren.

Wir tragen unsere Häute und unsere Herzen zu Markte. Immer flexibel, immer mobil, immer hungrig, immer weniger zufrieden.

Wie zufrieden man ist, lässt sich leicht ermitteln. Man muss nur die Wirklichkeit durch die eigenen Bedürfnisse und Sehnsüchte dividieren. Unsere Lebensbedingungen haben sich gegenüber denen unserer Vorfahren erheblich verbessert, nachgerade explodiert aber sind unsere Wunschvorstellungen vom perfekten Leben. Dafür sorgt schon die Werbeindustrie. Zufriedene Menschen sind schließlich schlechte Kunden. Und zufrieden sind die wenigsten.

Zu dieser Einschätzung kommt auch die Zeitschrift *Psychologie Heute*. In einer Titelgeschichte über die moderne Glücksfähigkeit steht das resignative Fazit: »Wir beschäftigen uns mehr denn je mit dem Glück. Trotzdem sind wir so unglücklich wie noch nie.« Was noch dadurch verschärft wird, dass man zu Selbstvermarktungszwecken besser suggeriert, es laufe bestens. Ich habe schon öfter Leute getroffen, die mir nachmittags beim Kaffee erzählten: »Alles super«, und abends beim Bier oder Rotwein: »Ich bin so unglücklich.«

Dabei sprengt das Angebotsspektrum längst unsere Auswahlkapazitäten. Psychologen zufolge liegt die optimale Zahl der Wahlmöglichkeiten bei acht bis zehn. Gibt es weniger Optionen oder womöglich gar keine, kommt man sich unfrei vor, gibt es zu viele, fühlt man sich überfordert und reagiert unschlüssig.

Die paradoxe Situation des modernen Menschen: Wir können uns (fast) alles kaufen, aber finden immer schwerer jemanden, dem wir uns schenken können.

Früher musste der Ehepartner aus demselben Dorf kommen, dieselbe Konfession haben, demselben sozialen Stand angehören – und frei sein. Heute geht theoretisch alles mit allen Möglichkeiten, Mann, Frau, Single, verheiratet. Ich habe schon Frauen gedatet, die 10 000 Kilometer entfernt wohnten und mit denen ich, bis auf ein paar Vor-Ort-Besuche, nur via Skype kommuniziert hatte. Ging. Eine Zeitlang.

»Man findet immer was Besseres«, schreibt Botho Strauss, »und stochert lustlos in den schönsten Speisen.« Das Bessere ist im Zweifel das Neue. Kreative Zerstörung nennen Ökonomen diesen Prozess, der im Technischen ein gutes Produkt durch ein besseres ersetzt. Herzenssachen lassen sich nicht so leicht, schon gar nicht so schmerzfrei abwickeln.

Die Liebe ist ein Business. Wir shoppen nach Partnern. Wie in der Kinokomödie »Shoppen«, die vor ein paar Jahren an den Kinokassen abräumte. Mit dem Film, der von einem Speeddating-Event handelt, konnten sich viele junge Menschen identifizieren. Ich mich auch. Weil ich kurz davor an einer ähnlichen Veranstaltung teilgenommen hatte.

Es war kurz nach Weihnachten, und ich hatte das Single-Sein wieder einmal besonders satt. Ich meldete mich im Internet an, zahlte meine 25 Euro und erschien pünktlich und etwas beklommen in der annoncierten Bar in Berlin-Mitte. Frau, Typ Perfect Ten, begrüßte mich. Dummerweise lief gerade sie außer Konkurrenz, weil sie den Abend organisierte. Sie erklärte den Ablauf: 13 Frauen, 13 Männer, 13 Gespräche à 3 Minuten. Vorab bekam ich, wie alle Teilnehmer, einen Zettel, auf dem ich meine Favoritinnen ankreuzen konnte. Wenn auch sie mich markierten, würde man sich wiedertreffen. Allerdings blieb mein Zettel den ganzen Abend lang leer. Nach 3 Sekunden lieferte mir mein Hirn nämlich immer dieselbe Grobeinschätzung: »Ganz nett, aber kein Potential für was Langfristiges.« Ich bemühte mich, guten Smalltalk zum immer öderen Spiel zu machen. Nach dem zwölften Gespräch schielte ich nach dem Ausgang, in der Hoffnung, nachher auf der Straße keinen Bekannten zu treffen. Das wäre mir peinlich gewesen. Dann saß ich vor meinem letzten Date. Nummer 13. Nach 0,3 Sekunden schlug mein Hirn Alarm. Nicht, weil ich endlich einen Treffer gelandet hatte, sondern weil es sich um eine Kollegin handelte. Sie erschrak noch mehr als ich und beschwor mich, nichts zu verraten. Sie wollte nicht als Liebes-Shopperin geoutet werden. Sie spürte, wie ich auch, dass Liebe eigentlich nicht auf den Basar der Möglichkeiten gehört.

Inzwischen ist das Speeddating längst ein alter Hut und die Teilnahme nichts Ehrenrühriges mehr. Ein Freund von mir hat dort tatsächlich die Frau fürs Leben gefunden. Fast jeder Single, den ich kenne, hat irgendwann einmal im Internet nach der Liebe des Lebens recherchiert. Die Partnerwahl gehorcht dem Gesetz von Angebot und Nachfrage, auch dann noch, wenn der Partner längst gewählt ist. Denn der antrainierte Abcheck-Instinkt bleibt auch nach dem Jawort wach.

»Lebe lieber unverbindlich«, flüstert uns der Markt zu. Alles geht, nichts muss. »Ein Kuss ist ein Kuss ist ein Kuss ist ein Kuss ist ein Kuss, der nachts noch nicht weiß, ob er morgen noch da sein muss«, singen »Wir sind Helden«.

Kunden haben ein ganz spezielles Treue-Verständnis. Sie lassen sich ihre Treue abkaufen: etwa durch einen »Treue-Bonus«. Oder durch die Qualität der Ware. Ihre Loyalität ist konditioniert. Das ist mir aufgefallen, als ich während der Krise des Opel-Konzerns eine Opel-Händlerin interviewt habe. Sie schwärmte mir von der Treue ihrer Kunden vor, um dann aber hinzuzufügen: »Natürlich muss der Preis und das Produkt stimmen. Sonst sind sie weg.«

127

»Can't Buy Me Love«, sangen die Beatles, »The Best Things in Life Are Free«, jubelten Janet Jackson und Luther Vandross. Das Beste im Leben ist tatsächlich kostenlos – und deshalb nicht im Schaufenster. Der Markt hat die Liebe entdeckt, aber auch, dass diese sich nicht als Gesamtpaket verkaufen lässt. Man kann sie aber ausschlachten und die Einzelteile verhökern: Sex, Romantik, Paartherapie … Der Kunde muss die Teile dann selbst zusammenbasteln, kriegt das aber nur selten hin, weil ihm der Markt die Fähigkeit dazu vorher abgewöhnt hat: Geduld, Frustrationstoleranz, Langfristplanung. Treue.

Die Liebe lässt sich nur in Annäherungen und Substituten und schlechten Kopien verkaufen. Den Sex dagegen gibt es ohne Umwege, On-Demand, in allen Variationen und, sieht man einmal ab von Kindern vor der Geschlechtsreife, für alle Altersgruppen. Dafür musste der Sex erst aus dem traditionellen Kontext exklusiver Bindungen herausgelöst und als eigenständige, modellierbare Lustressource etabliert werden. Und wehe, jemand versucht, die moralischen Schranken wieder runterzulassen.

Im Jungerwachsenen-Leitmedium *Neon* habe ich einen Artikel über zwei Perverse gelesen. Lars und Heike heißen sie, studieren BWL und Jura und verstecken ihre abartige Vorliebe hinter einer Fassade der Bürgerlichkeit. Der Autor interviewt sie dennoch einfühlsam und verspricht ihnen am Ende des Gesprächs, fair mit ihnen umzugehen. Was ihm offenbar schwerfällt. Immerhin gibt er zu: »In ihrem Leben, das ich nicht kenne und auch nicht verstehe, da lieben sie sich. Glaube ich.« Bei Lars und Heike handelt es sich nämlich um zwei »extreme Christen«, die mit dem Sex bis zur Ehe warten wollen. Damit gehören sie in Deutschland tatsächlich zu einer kleinen Minderheit. Die Leute hierzulande können sich zehnmal eher vorstellen, beim ersten Date Sex zu haben als erst in der Hochzeitsnacht. Dabei ist es gerade einmal 50 Jahre her, dass die Verhältnisse genau umgekehrt waren. Ich will damit nicht das Hohelied auf die gute alte Zeit singen. Allerdings finde ich bemerkenswert, dass die Entscheidung von Menschen, sich erst zu binden und dann Sex zu haben, nicht nur als lebensfremd belächelt, sondern als geradezu moralisch zweifelhaft denunziert wird. Dasselbe Unverständnis ziehen Menschen auf sich, die zölibatär leben, also sich ganz Gott weihen und dafür auf Sex verzichten wollen. Dagegen besitzt für immer mehr Zeitgenossen die sexuelle Befriedigung oberste Priorität, noch vor der romantischen Erfüllung. Jedenfalls kommt sie chronologisch vorher.

Die Regie des Marktes flüstert allen Marktteilnehmern das unhörbare Gesetz einer neuen Art von Transzendenz zu: Sei besessen von Sex! Allein im Sex kannst du dich übersteigen in einen Zustand entgrenzter Wonne. Sex, sagt die Stimme, ist erhältlich. Er ist als Ware da. Du bist Kunde, bist König, kannst kaufen, was du willst. Alles hat seinen Preis. Kaufe und sei käuflich! Männer und Frauen machen sich gegenseitig zu Instrumenten ihrer Lust auf Kosten der beiderseitigen Beziehungsfähigkeit.

Einmal habe ich Urlaub in Mexiko, in Cancun, gemacht, nicht ahnend, dass Zigtausende amerikanischer Collegestudenten zum »Springbreak« in das Küstenstädtchen einfallen würden. Schon am hellen Tag tanzten die Mädchen in nassen T-Shirts besoffen auf den Tischen, Videocrews im Schlepptau, die die »Girls

Gone Wild« filmten. Sonne, Tequila, Sex, hieß der Mix, der die Gastronomen vor Ort reich und die Partymeute heiß machte. Klar, dass so was Schule macht. Auch in Berlin werben immer mehr Clubs und Bars mittlerweile mit der Aussicht darauf, dass sexuell was gehen könnte: in den Darkrooms neben der Tanzfläche, in den Unisex-WCs, in manchen Etablissements sogar auf der Tanzfläche. Meistens geht nichts, aber die Massen kommen trotzdem. »Fuck Me Now, Love Me Later« heißt in Berlin eine angesagte Partyreihe. Das »ME« wird großgeschrieben.

Fast wäre ich einmal unfreiwillig auf einer solchen Veranstaltung gelandet. Ich hatte Besuch von einem katholischen Priester und dessen Freunden. Wir wollten Samstag spätabends noch etwas trinken, machten uns zu einer Strandbar auf und wurden nur durch den ungewöhnlich hohen Eintrittspreis abgeschreckt. Am Spree-Strand war eine Elektroparty im Gang. Am nächsten Tag kam ich, um zu baden, alleine an derselben Stelle vorbei. Kirchenglocken läuteten. Am Strand wummerten immer noch die Bässe. Angeschossen aussehende Jungerwachsene kauerten auf der Straße davor, bei den Frauen waren die Träger der Tops verrutscht, bei den Männern hingen die Hosen auf Halbmast. Sie hatten die Nacht durchgefeiert. Im Tageslicht konnte ich das überall plakatierte Partymotto lesen: »Suck me Now, Fuck Me Later.« Die Übersetzung spare ich mir. Der Eskalation sind keine Grenzen gesetzt, habe ich gedacht. Und: Was hätte der Priester wohl zu der Party gesagt?

Bett News sind Good News, jedenfalls unter marktwirtschaftlichen Gesichtspunkten. Die Pornographisierung unserer Kultur ist inzwischen so umfassend beschrieben worden, dass ich mir Details sparen kann. Minderjährige filmen sich mit dem Handy, wie sie Szenen nachspielen, die sie im Internet gesehen haben. Gefragt nach ihren Berufswünschen, geben immer mehr Teenager an: Stripper oder Pornostar. Zwei aktuelle Kinokomödien »Zack und Miri drehen einen Porno« (Regie: Kevin Smith, USA 2008) und »Humpday« (Regie: Lynn Shelton, USA 2009) handeln davon, dass nette Bürger von nebenan Hardcorefilme drehen, zum Gelderwerb oder zur Horizonterweiterung. Nachdem der Pornokonsum von Männern als anthropologische Konstante akzeptiert ist, wird in den Feuilletons auch Frauen eingeredet, dass sie genauso gerne Körpern beim Kopulieren zugucken. Parallel läuft in unzähligen Pharmalaboren die Suche nach einem weiblichen Luststeigerungspräparat, wobei übersehen wird, dass Viagra für Frauen längst existiert und Alkohol heißt. Zwar steigert Alkohol die Lust nicht, aber er betäubt die Hirnregionen, die für Angst zuständig sind. Der Effekt ist der gleiche.

Obwohl es Sex immer öfter gratis gibt, virtuell und real, hat das älteste Gewerbe der Welt Hochkonjunktur. In Berlin fahren die Busse des öffentlichen Nahverkehrs mit Aufschriften herum, die Werbung für ein riesiges Bordell machen. Etablissements in den ärmeren Kiezen werben schon mal mit Flatrate-Tarifen für Hartz-IV-Empfänger. High End Bordelle wiederum verwöhnen ganze Betriebsvorstände, wenn die auf Geschäftsreise sind. Gleichzeitig gibt es einen Trend zur Halbprostitution. Hübsche Bardamen und Clubgängerinnen tauschen Zärtlichkeit gegen Bargeld, gegen Geschenke, manchmal auch nur gegen freie Drinks. Mittlerweile gibt es in den USA und Australien 18-Jährige, die ihre Jungfräulichkeit im Internet versteigern, um damit ihr Studium zu finanzieren.

Seitensprungagenturen helfen Menschen, die fest liiert sind, zu schnellen erotischen Begegnungen. »33 Männer in 33 Nächten« hat die Kundin eines Seitensprung-Internetportals getestet und ihre Erfahrungen als »erotisches Experiment« in einem Buch geschildert. Sie hatte gerade eine Beziehung hinter sich, Liebeskummer und Lust auf Abwechslung. Nach lauter Nieten landete sie endlich einen Volltreffer. Mann Nummer 33, der mit ihr im Bett landete, blieb da auch. Die große Liebe, endlich. »Alles ist perfekt«, schwärmte sie im Schlusskapitel, um einzuschränken: »Fast alles: Denn wenn ich ganz ehrlich bin, muss ich zugeben, dass tief in meinem Inneren noch ein winzig kleiner Zweifel sitzt. Wir haben uns im Internet über ein Seitensprung-portal kennengelernt. Was sagt mir, dass er es nicht wieder tut? Vielleicht nicht jetzt, aber irgendwann …« Falls der winzig kleine Zweifel kratergroß wird, gibt es dafür auch kommerzielle Abhilfe. Professionelle Treue-tester bieten an, die Widerstandsfähigkeit von potentiell untreuen Partnern auf die Probe zu stellen.

Eine andere Agenda verfolgen Baggerexperten, sogenannte Pick-up-Artists. Sie coachen schüchterne Männer in der Kunst des Frauenaufreißens. Sie erklären ihnen den perfekten Annäherungswinkel und die totsichere Ansprechfloskel. Gut funktionieren soll angeblich der Spruch: »Wenn ich nicht schwul wäre, würde ich total auf dich abfahren.« Ich stelle mir die aknegeplagten Schlaksen vor, die mit diesem Eisbrecher auf 90–60–90-Schönheiten zusteuern, und wünsche ihnen viel Erfolg.

Auch für Frauen gibt es mittlerweile Flirtseminare, bei

denen ein ähnliches Programm angeboten wird wie für russische Provinzschönheiten, die sich für Moskauer Millionärsmessen fitmachen. Da lernen sie Blicke zu fangen, zu halten, zu kontrollieren. Frauen als Beute, die ihrem Jäger auflauert.

Der Markt hat natürlich auch Angebote für die wirklich Verliebten parat. Vor dem Valentinstag sind die Verkaufsregale ganz besonders voll. Der Tag der Verliebten gewinnt ständig an öffentlicher Bedeutung. Der Hochzeitstag, der von Paar zu Paar variiert und sich deshalb auf 365 Tage verteilt, kann nicht als Großevent kommerziell ausgebeutet werden. Deshalb verliert er an Bedeutung. Mit frisch Verliebten lässt sich überdies mehr Umsatz machen als mit treu Liebenden.

Es gibt allerdings eine Zielgruppe, die noch lukrativer ist als Pärchen in der Balz- und Brunstphase: Paare in der Krise. Die kommen idealerweise nicht mit Mannsprech-Frausprech-Übersetzungshilfen über die Runden. Die brauchen teure Therapie. Da stört auch nicht, dass die persönliche Beziehungsperformance von Paartherapeuten oft unterdurchschnittlich, die Scheidungsrate bei ihnen überdurchschnittlich hoch ist.

Die Liebesratgeberliteratur füllt in Buchgeschäften ganze Abteilungen. Die Bücher kann man in zwei Hauptkategorien unterteilen: Die einen rufen zur Arbeit an und zum Kampf um die Liebe auf, die anderen zur Selbstverwöhnung und zur Liebesvereinfachung, sie rufen uns zu: Ihr! Sollt! Gelassener! Werden! Puuuh …

Statt zum Therapeuten kann man Liebeskranke auch auf einen Konsumtrip schicken. Zeug heilt alle Wunden, zumindest fast. Wie in der Dreiecks-Liebeskomödie »Wenn Liebe so einfach wäre« (USA 2009). Ein echter Chickflick, das heißt: auf ein weibliches Publikum zugeschnitten. Meryl Streep spielt eine Frau jenseits der Wechseljahre, Alec Baldwin den charmanten Ex-Mann, der ihr wieder Avancen macht, Steve Martin den soliden Spießer, der ebenfalls um sie wirbt. Während Amors Pfeile von beiden Seiten auf sie zuschwirren, klammert sich die gefühlsverwirrte Frau an die eine Konstante in ihrem Leben: die 500-Quadratmeter-Villa, in der sie lebt und die sie ständig umbaut. Sie und die Zuschauer lernen: Die Liebe bricht – aber der Marmor, der Stein und das Eisen von Eigentumswohnungen nicht. Manche wechseln lieber den Partner als von Apple zu Microsoft.

Am weitesten fortgeschritten ist die Ausbeutung und Verramschung unserer Liebessehnsüchte im Pop-Business. Hier wird nach Strich und Faden gelogen und geschummelt. Stars, die mehr Sexaffären haben als ich Facebook-Freunde, schmachten etwas von »forever«, »aways«, »eternally« und »everlasting«. Teenie-Idole, die noch keinen Führerschein, aber jeden Abend ein anderes Groupie im Bett haben, geloben in ihren Songs: »Ich werde für dich sterben!«

Eine weitere Möglichkeit, aus der Liebe Kapital zu schlagen, habe ich bei »Palomar 5« entdeckt. So hieß ein Gipfeltreffen junger Genies, das 2009 in einem stillgelegten Fabrikgelände in Berlin stattfand. 30 hochbegabte Jungerwachsene waren aus aller Welt hergeflogen worden, um Zukunftskonzepte zu entwickeln. Das ungewöhnlichste Projekt stellten zwei junge Frauen vor, Maryanna und Axelle. Es hieß »Bring die Liebe zum Arbeitsplatz«. Damit meinten die kreativen Frauen nicht Affären zwischen Angestellten, sondern eine Romantisierung des Büroalltags. »Die Leute verbringen immer mehr Zeit im Job«, erklärten sie mir, »warum sollen da Gefühle außen vor bleiben?« Durch spielerische Aktionen sollten die Belegschaften dazu gebracht werden, einen liebevollen Umgang miteinander zu praktizieren. Schmetterlinge im Bauch nun auch im Büro. Die Gleichschaltung von Liebe und Geschäft schreitet voran.

Ich möchte nicht falsch verstanden werden: Ich bin kein Verschwörungstheoretiker und glaube an keinen Masterplan des Großkapitals zur Atomisierung der Gesellschaft. Die Weltkonsumgesellschaft ist das Selbsterzeugnis unserer Sehnsüchte und Triebe. Nachdem die Dämme traditioneller Moral gebrochen sind, bricht sie sich unkontrolliert Bahn. Die alten Autoritäten sind zu schwach und zu bequem, den Konsumstrom zu regulieren. Kirchenfunktionäre, Politiker und Universitätshonoratioren trotten den Trends hinterher und diskutieren sie auf Konferenzen gegen gutes Geld und bei Kaffee und Kuchen.

Wir, die wir ein erfülltes Leben und eine funktionierende Partnerschaft suchen, müssen uns schon selbst kümmern.

Ich selbst habe zwei Strategien, um glücklicher und beziehungsfähiger zu werden. Die erste besteht darin, meine Ansprüche zu reduzieren. Die zweite darin, das Angebot dadurch zu verknappen, dass ich billigen Liebessubstituten genauso aus dem Weg gehe wie gut aussehenden, aber liebesunfähigen Menschen.

Weniger ist vielleicht nirgendwo so viel mehr wie in der Liebe, oder um es mit dem vom HIV-Virus getöteten Freddie Mercury zu sagen: »Too Much Love Will Kill You.«

# 11 iSex

## Egonummer

I wish I was special
So fucking special
But I'm a creep.
*(Radiohead, Creep)*

**N**eulich bei der großen Fachmesse für Streetwear, »Bread & Butter«. Meine Augen hatten jede Menge zu tun, als ich die Ausstellerhallen durchlief. So viele knackige Menschen, Hostessen und Messebesucher, alle individuell gekleidet, aber alle sexy. Ich landete im Zelt eines großen Jeanslabels. »Be Stupid« – »Sei blöd« hieß dessen neueste Kampagne. Sollte wohl heißen: Denk nicht nach, riskier was, hab Spaß. In dem Zelt drängelten sich Hunderte Messebesucher, Sektgläser und Bierflaschen in den Händen, alle dem Augenschein nach gut drauf. Nur am Rand, zwischen zwei Kleiderständern, kauerte ein Model und schluchzte vor sich hin. Es war die Art von Heulkrampf, die auf schweren Liebeskummer schließen ließ. Vielleicht war sie mal wieder blöd gewesen, vielleicht nur eine Nacht lang, jetzt wieder alleine.

Jede Menge Schönheit gab es auch in der Jubiläums-Ausgabe der Zeitschrift *Vogue* zu bewundern: insgesamt über 2000 Seiten Hochglanz verteilt auf drei Bände. Daran, dass ich sie noch nicht in den Abstellkeller entsorgt habe, um neuen Regalplatz zu schaffen, ist ein einziges schwarzweißes Bild schuld. Es zeigt die Beine und Hände des Supermodels Tatjana Patitz. Eine, die täglich eintauchen kann in die Partyszene und die baden kann in begehrlichen Blicken. Unter allen Milliarden »Ichs« müsste ihres eines der glücklichsten sein. Lindbergh zitiert sie mit den Worten: »Eine Ewigkeit habe ich darauf gewartet, dass jemand ein liebes Wort zu mir sagt.«

Besonders schöne Menschen, vor allem Frauen, haben es leichter. Sie kriegen mehr Aufmerksamkeit, sie kriegen bessere Jobs, sie kriegen attraktivere Partner. Sie müssen sich dafür nicht einmal besonders anstrengen. Bei ihnen ist aller Anfang leicht.

Doch merkwürdig: Besonders schöne Menschen sind unglücklicher.

Tatsächlich. Erstens, weil sie ihre Schönheit nicht ihrer eigenen Anstrengung, sondern einer Naturlaune verdanken und ihr Selbstwertgefühl deshalb nicht davon profitiert. Zweitens, weil die Glückserwartungen, die sich aus der Schönheit ergeben, nur selten erfüllt werden. Drittens, weil es anstrengt, dauernd angestarrt zu werden. Menschen, vor allem Frauen, die sich beim Gespräch wie ein Objekt der Begierde vorkommen, denken langsamer. Was wiederum den Wahrheitsgehalt der Blondinen-Witze untermauert. Viertens, weil schöne Frauen oft ein Misstrauen in die Beziehung einbringen, unter dem ihre Partner leiden: »Liebst du mich wirklich wegen mir ... oder liebst du mich wegen meiner Figur und meinen Haaren?«

In gewisser Hinsicht versuchen wir alle, ständig schöner zu werden. Oder klüger, reicher, stärker. Wir gehen davon aus, dass das unsere Chancen auf dem Paarungsmarkt oder dem Markt insgesamt erhöht. Wer allerdings dauernd in sich selbst investiert, wird nur schwer fähig sein, sich selbst zu verschenken. Analog zum Titel der MTV-Auto-Aufmotz-Sendung »Pimp Your Ride« könnte das Lebensprogramm moderner Zeitgenossen heißen: »Pimp Yourself«. »Pimp« bedeutet eigentlich »Zuhälter«. Unser Hirn ist der Lude, der unseren Körper, unseren Geist, unseren Besitz auf den Selbstvermarktungsstrich schickt.

Zum richtigen Ego Tuning und Personality Styling gehört auch die Horizont-Erweiterung. Wir wollen, bevor wir uns auf etwas einlassen, möglichst viel ausprobiert haben, möglichst alles. Wir sind offen. So offen, dass wir vergessen, wann wir wo dichtmachen sollen.

Wie die Hauptdarsteller von »Bedways«, einem experimentellen Film über das experimentelle Liebesleben von Berliner Mitte-20-Jährigen. Im Theatersaal waren die Sitze entfernt und durch weiße Kissen ersetzt worden, in die sich die Zuschauer hineinkuschelten. Schlafzimmeratmosphäre. Bevor das Licht im Saal ausging, hopste der Regisseur auf die Bühne: ein schmales Männchen in T-Shirt und labbriger Hose. »Das ist eigentlich ein Tanzfilm«, rief er, »ihr könnt aufstehen und tanzen.« Dann animierte er uns, wir sollten uns ganz frei fühlen, uns zu unseren Nachbarn umdrehen, uns einfach gehen lassen, uns gegenseitig Liebe geben. Ich sah einige ältere Herren, die näher an die Studentinnen an ihrer Seite heranrückten, während die sich angewidert tiefer in ihre Kissen eingruben. Ich weiß nicht, ob der Regisseur eine Orgie im Sinn hatte, jedenfalls lieferte der Film dafür die Steilvorlage. Es gab nämlich Sex zu sehen, ungeschnitten, in Nahaufnahme, hardcore. Vorne in der ersten Reihe saßen die Hauptdarsteller. Wir sahen ihnen dabei zu, wie sie sich selbst dabei zusahen, wie sie auf der Leinwand sich selbst und ihre Co-Stars befriedigten.

Ich bin vorzeitig gegangen. Mir taten die Darsteller, keine Pornostars, sondern ambitionierte Jung-Schauspieler, leid. Die Bilder werden bis an ihr Lebensende an ihnen kleben bleiben, in ihren Erinnerungen und im Internet. Ich weiß nicht, mit welchen Verheißungen der Regisseur sie geködert hatte: Eigen-PR? Selbsterfahrung? Horizonterweiterung? Vielleicht hatten sich die Akteure auch gesagt: Warum nicht? Man sollte alles ausprobieren. Mein Leben ist so kurz …

»Wer sein Leben gewinnen will, wird es verlieren«, hat Jesus gepredigt. Wer dauernd am »Ich« herumbastelt, verliert das große Ganze aus den Augen. Das große Ganze ist das »Wir«. Die treue Liebe wird von zwei Seiten eingeengt: einem ausufernden Kapitalismus und einem grassierenden Narzissmus. Das eine ist die Leitkultur, das andere die Leitneurose der Gegenwart. Noch nie gab es so viele Castingshows, noch nie so viele Autobiographien, noch nie so viele berechtigte Klagen über verwöhnte Kinder und verwöhnte Erwachsene, die sich wie Kinder verhalten. Demoskopen melden, dass die Selbstwerteinschätzungen von Menschen, vor allem von Jugendlichen, auf eine historische Rekordhöhe geklettert sind. Gleichzeitig sind narzisstische Persönlichkeitsstörungen so weit verbreitet wie nie, genau wie ihre Kehrseite, die Depression. Die neue Standardkonstellation im Zeitalter von Liebe 2.0 ist: zwei hochentwickelte Individuen, null echte Bindung. Am Ende ist jeder alleine mit dem Menschen, den er über alles liebt (und doch immer zu wenig): sich selbst. Noch nie in der Menschheitsgeschichte ist so viel über Masturbation geredet und geschrieben worden wie heute. Wenn jeder es sich selbst besorgt, ist aber gerade nicht für alle gesorgt.

Mit Menschen ist es wie mit Waren: Was draufsteht, ist manchmal das Gegenteil von dem, was drin ist. Ausgeprägte Narzissten sind oft hervorragende Blender. Sie laufen bei der Erstbegegnung zu Hochform auf, wie Sprintläufer, die alle Energie in die ersten Meter stecken. Für die lange Strecke fehlt ihnen der lange Atem, die Ausdauer, die Bereitschaft, sich zu quälen. Sie zeigen irgendwann ihr wahres Gesicht oder verabschieden sich, bevor die Maske sich lösen kann. Im Nacht- oder Netzleben können Narzissten ihre Stärken am besten ausspielen und ihre Schwächen am längsten verbergen; deshalb fühlen sie sich im 21. Jahrhundert besonders wohl.

Von allen großen Romanfiguren ist die des Dorian Gray heute eine der aktuellsten. Oscar Wildes tragischer Held verliebt sich, wie die mythische Gestalt des Narziss, in sein eigenes Bild und verkauft deshalb seine Seele für das Geschenk ewiger Jugend. Um begehrenswert zu bleiben, verlernt er es, liebenswert zu sein. Er büßt seinen moralischen Instinkt zwar nicht komplett ein, aber er verliert jede Fähigkeit zur moralischen Nachhaltigkeit und zur Treue. Als seine Freundin, eine begabte Schauspielerin, ihn durch eine schlechte Performance enttäuscht, tröstet er sie nicht etwa, sondern schreit sie an: »Du hast meine Liebe getötet. Sonst erregtest du meine Phantasie. Jetzt erregst du nicht einmal meine Neugierde. Du bringst ganz einfach keine Wirkung mehr hervor.« Die Hassrede gipfelt in der Anschuldigung: »Du hast den Roman meines Lebens vernichtet.« Die Frau, die ihn über alles liebt, nimmt sich daraufhin das Leben.

»Wohin die Eitelkeit uns doch bringt«, schreibt in dem Briefroman »Gefährliche Liebschaften« die zynische

Marquise von Merteuil an den selbstverliebten Vicomte von Valmont. Beide verschwören sich gegen eine tugendhafte Frau und richten sie mit Tricks und Lügen zugrunde. Schließlich verliebt sich der verdorbene Vicomte in sein Opfer, aber sein krankhafter Stolz lässt es nicht zu, dass er seinem Gefühl folgt. Die drei Protagonisten landen schließlich im Kloster, im Grab und im Exil. Die Eitelkeit hat sie in die Einsamkeit getrieben. Wer in sich selbst verliebt ist, hat wenig Nebenbuhler. Aber am Ende eben auch nur sich selbst.

Monströs zugespitzt hat die narzisstische Selbstüberhebung vor rund 200 Jahren der Marquis De Sade. Wenn je ein Autor das Etikett »perverse Drecksau« verdient hat, dann er. In seinen Romanen werden die Menschen vergewaltigt, ausgepeitscht, aufgespießt, gehäutet, geviertelt, gekocht und auf unzählig andere Arten gemartert. Sein Lebensmotto kleidete De Sade in eine Frage: »Warum soll ich auch nur einen Augenblick schwanken, eine Tat zu begehen, wenn diese Tat, wie wehe sie auch meinem Nächsten tun mag, mir das größte Vergnügen verschafft?« Vor ungefähr zehn Jahren habe ich mir beim Durchlesen der einschlägigen Beiträge aus den Feuilletons immer wieder an den Kopf gefasst. Da wurde der teuflische Marquis von renommierten Filmregisseuren rehabilitiert und umgedeutet zum aufklärerischen Freigeist und knuffigen Erotikschelm (Quills, Regie: Philip Kaufman, USA 2000; Sade, Regie: Benoit Jacquot, Frankreich 2000). Das Millennium fängt ja schlecht an, habe ich gedacht.

»Die Hölle, das sind die anderen«, behauptete Jean-Paul Sartre in seinem Drama »Geschlossene Gesellschaft«. Menschen martern einander alleine durch ihre Gegenwart. Ich fürchte, Sartre hat von seiner eigenen

Egomanie und Misanthropie auf andere geschlossen. Richtiger müsste es heißen: »Die Hölle, das sind die anderen Narzissten.« Ichlinge, die einander nach der »Usability« bewerten und benutzen, die sich wie Vampire aneinander festbeißen, die unfähig sind, Liebe zu spenden, die aber immerzu Aufmerksamkeit und Kraft absaugen.

Ich kenne dieses Gefühl von vielen Empfängen, die ich als Hauptstadtjournalist im und rund um das Regierungsviertel besucht habe. Jeder hält Ausschau nach einem Gesprächspartner, dessen Gegenwart ihn aufwertet. Sobald der Smalltalk angefangen hat, guckt man weiter und überlegt sich, nach wie viel Minuten man weitergehen kann. »Ich habe es so satt, immer das Gefühl zu haben, gerade gecastet zu werden«, hat mir eine Freundin und erprobte Partygängerin anvertraut. Sie ging trotzdem immer wieder hin, aus Mangel an Begegnungsalternativen. Menschsein als Berührung von Tangenten: Eine Verschmelzung findet nicht statt. Touch me. Touch me. Touch me. Zeig mir, dass ich noch lebe.

Dabei gibt es genug beziehungsfähige Menschen, mit denen man liebe Worte austauschen oder gar tiefe Beziehungen knüpfen kann. Wenn man sich nur festlegen und nicht die Fiktion vom immer noch passenderen Gegenstück im Kopf hätte. Bist du mein ultimativer Kick? Oder soll ich auf den nächsten warten? Verbindlich sein. Das fällt den Ichfixierten schwer, weil Entschluss auch Ausschluss bedeutet und den Spielraum der Selbstbeglückung einschränkt. Und dieser Spielraum ist im Multi-Optionszeitalter groß wie nie.

Ich kenne das. Ich leide selbst darunter. Ich frage mich, wie ausgeprägt mein eigener Narzissmus ist. Obwohl

ich über 60 Länder bereist habe, seufze ich immer noch mit Marie Luise Kaschnitz über die Möglichkeiten, die ich verschenkt habe: »Oh, die vielen Leben, die man hätte leben können, diese vielen schrecklichen Leben.«
In einer Schlüsselszene von »Anna Karenina« lässt Tolstoi seine verheiratete Heldin auf subtile Art andeuten, dass sie mit ihrer Ehe fertig und für neue Erfahrungen offen ist: »›Ich denke‹, sagte Anna, mit ihrem Handschuh spielend, ›ich denke: so viele Köpfe, so viele Sinne, und so viele Herzen, so viele Arten der Liebe …‹«
Wer will sich da festlegen?
Ich kenne jemanden, der schafft es, innerhalb eines einzigen Gesprächs die folgenden Sätze von sich zu geben:

- »Ich hab's mir überlegt: Ich will mich künftig voll auf meinen Job konzentrieren.«
- »Oder soll ich doch mal ausbrechen und auf die ganze Sicherheitsscheiße verzichten?«
- »Ich will eine Familie.«
- »Ist aber als Single auch ganz okay, wenn ich die ganzen unglücklichen Paare sehe.«
- »Ich weiß auch nicht, was meinst du?«

Dieser Jemand bin ich.
Ich Kindskopf. Ich weiß: Die Weigerung, sich festzulegen, ist ein Charakteristikum von Kindern und Jugendlichen.
Ich bin mit dieser Charakterschwäche nicht alleine. Eine Kontaktanzeige in einer Internet-Singlebörse von »Flightgirl 747«, 32 Jahre alt, vermutlich Stewardess. Sie schreibt: »Ich bin wie eine Million anderer Frauen auf der Suche nach der großen Liebe, aber bis dahin will ich mir mit viel Spaß die Zeit vertreiben.«

Die Adoleszenzphase wird heutzutage gestreckt, soweit es geht. In der infantilen bzw. ewig pubertierenden Gesellschaft ist der häufige Wechsel die Konstante. Es gibt immer mehr Wechselwähler, immer mehr Menschen, die ihre Religionszugehörigkeit ändern. Manche switchen auch ihre sexuelle Identität oder gar ihr Geschlecht. Als ich nach 20 Jahren meinen Abiturjahrgang wiedergetroffen habe, war ich einigermaßen verblüfft, dass mein Tischnachbar aus dem Kunstunterricht nicht mehr Michael, sondern Michaela hieß und eine Geschlechts-OP hinter sich hatte. Er hatte geheiratet, sich dann scheiden lassen und sich dann noch mal ganz umorientiert.

Einen solchen radikalen Schnitt machen nur die wenigsten. Dafür gibt es immer mehr, die nichts dagegen haben, neue erotische Erfahrungen zu machen: Sex im Freien, Sex zu dritt, Sex mit einem Fremden in der Disco, Sex auf der Flugzeugtoilette ...

Ein Plädoyer gegen die Life- und Lovestyle-Experimentierwut hat ausgerechnet der für seine allseitige Offenheit bekannte Avantgardekünstler Christoph Schlingensief gehalten. Wenige Wochen vor seinem Krebstod predigte er seinen Fans via Videoblog: »Pflegt das Normale! Das Normale ist das Höchste, was uns geschenkt wurde oder von den Eltern beigebracht wurde. Nutzt das! Ich kann es immer noch nicht ...« Und weiter sinnierte er: »Glück hat, wer mal nicht über sich und seinen Zustand reflektieren muss. Und dieses fast zwanghafte Überlegen über den eigenen Zustand macht alles so sauer und so ungenießbar.«

»Reflexiv« ist eines der zentralen Attribute, die Soziologen benutzen, um unser Zeitalter zu charakterisieren. Mit anderen Worten: Wir beziehen alles, was wir wahrnehmen, auf uns. Die Welt ist nur die Bühne für unseren großen Auftritt. Den Zusammenhang zwischen Selbstbezogenheit und Beziehungslosigkeit haben die Fantastischen Vier in ihrem Song »Jetzt ist sie weg, und ich bin wieder allein, allein …« hergestellt:

>*So ist es nun mal in dieser Welt*
*Auch wenn's dir nicht gefällt*
*Drehst du deinen eigenen Film*
*Und bist dein eigener Held.*«

Wir reflektieren uns zu Tode. Denn der Output der Grübeleien ist meistens gering. »Was soll ich bloß tun mit meinem Leben?«, fragen Enddreißiger, die eigentlich mit einem fetten Talentportfolio auftrumpfen könnten. Nachdem es mit der großen Karriere nicht geklappt hat, stellen sie fest, dass sich auch die große Liebe nur schwer realisieren lassen wird. Zu tief sitzen bereits die Wunden, zu kolossal sind die Desillusionierungen. Trotzdem bemänteln sie jede neue Beziehungskatastrophe mit Euphemismen wie: »War zumindest 'ne neue Erfahrung.« Solche Erfahrungen zählen sie dann abends beim Bier oder Rotwein auf wie Berufseinsteiger ihre Praktika. »Generation Lebenspraktikum«, denke ich dann. Mit jeder weiteren amourösen Episode rückt die romantische Festanstellung in noch weitere Ferne. Und wenn sich doch eine Chance bietet, fällt die Reaktion oft so aus: »Ich kann im Moment keine Nähe zulassen. Ich bin noch nicht so weit …«
Dann geht der Drift weiter.
Erfolgreiche Menschen, im Leben wie in der Liebe, gönnen sich eine Orientierungsphase. Irgendwann schlagen sie aber zu, legen sich fest und investieren alle

Kraft in ihr Projekt. Erfolg in der Liebe ist eine Frage von Fokus, Aufmerksamkeit, Energie – die wir auf die Beziehung bzw. auf die andere Person richten.

Glaubt man Sigmund Freud, halten sich unser Trieb und unser Gewissen, unser Ich und Über-Ich, gegenseitig in Schach. Das Über-Ich steht aber zunehmend ohne natürliche Verbündete da. Denn die hyperindividualistische Weltkonsumgesellschaft konditioniert uns in die Richtung egoistischer Triebhaftigkeit, nach dem Motto:

Ich.

Alles.

Sofort.

Dazu werden wir andauernd mit einem schizoiden Doppelimperativ beschallt: »Sei einzigartig!« und »Sei einfach glücklich!«. Was denn nun, bitte schön? Kein Wunder, dass sich immer mehr Menschen in die Enge getrieben fühlen und im Privatleben Dampf ablassen. Die Liebe in den Zeiten der Choleriker.

Das Internet leistet dieser Haltung massiven Vorschub. Mit der Etablierung des Webs 2.0 sind lauter virtuelle Sonnensysteme entstanden, in deren Zentrum wir uns selbst befinden. Jede Facebook-Seite ist eine kleine Ego-Vernissage. Das Netz hat nicht nur unsere Selbstbezogenheit verstärkt, sondern hat auch das Möglichkeitsspektrum explodieren lassen. Mit jedem Klick, der uns auf eine neue Seite bringt, springen neue Konsumangebote in unser Blickfeld. Unterminiert wird damit auch unsere Konzentrationsfähigkeit. Unsere Gesellschaft leidet zunehmend an einem kollektiven Aufmerksamkeitsdefizit-Syndrom. Die Dauer, die ein durchschnittlicher Arbeitnehmer ohne Unterbrechung durch eine E-Mail oder eine sonstige virtuelle Störung arbeitet, liegt mittlerweile bei nur noch knapp über zehn Minuten.

Irgendwann wurde mir mein eigenes Online-Verhalten zu eitel, zu viel, zu schnell, zu bunt. Ich habe zunehmend darunter gelitten, dass …

- … ich zu viel Energie in die Online-Selbstpromotion stecke und dieselbe Eitelkeit demonstriere, die ich bei anderen kritisiere.
- … ich zu viel Zeit mit Facebook-Kontakten verbringe, die ich noch nie persönlich gesehen habe.
- dass ich mich damit um die Chance bringe, echte Begegnungen zu haben und gute Beziehungen auszubauen.
- … ich mit diesem Buch nur schleppend vorankomme, weil ich jeden Müdigkeitsanfall als Vorwand nutze, im Internet zu surfen.

Ich habe deshalb eine Internet-Fastenzeit eingelegt. Das Kabel meines Privatanschlusses habe ich in meinem Büro deponiert. Aus Facebook habe ich mich für längere Zeit ausgeloggt und mich gewundert, wie groß die Entzugserscheinungen waren.

Ich habe, als ich mich clean genug gefühlt habe, mein virtuelles Leben wieder aufgenommen.

Ich habe meine Fasten-Erfahrung auf Facebook gepostet.

Ich habe mich über die vielen Kommentare gefreut.

Ich habe mich darüber geärgert, dass einige Freunde dieselbe Idee hatten und mir mein Alleinstellungsmerkmal streitig machten.

Ich …

… muss noch an mir arbeiten.

# 12 Von Eliten und anderen Versagern

## Führungskrise

> »Das ist eine gute Frage. Haben Sie schon mit
> einem Psychologen darüber gesprochen?«
> *(Ein Theologe auf meine Frage nach der Relevanz von Treue)*

**B**evor man Treue lebt, hat man sie hoffentlich erlebt.

Bei Eltern, Freunden und anderen Vorbildern.

Fast genauso wichtig wie das persönliche ist das gesellschaftliche Umfeld. Sind die Anreizsysteme so justiert, dass treues Verhalten gefördert und untreues Verhalten sanktioniert wird? Wird treues Verhalten vom System und den Systemadministratoren begünstigt?

Ich fürchte, nein.

Einige Vordenker haben zwar mitgekriegt, dass Tugenden wieder im Kommen sind. Sie schreiben Bücher über »Charakter«, »Haltung« und »Was wirklich wichtig ist«.

Grundsätzlich gilt aber: Die Eliten, die in den Dekanaten der Uni-Fakultäten oder den Vorstandsetagen der Medienkonzerne sitzen, sind von gestern. Sie haben ihren Marsch durch die Institutionen irgendwann zwischen 1970 und 1990 begonnen, und auf dem Stand dieser Jahre sind sie häufig noch. Damals ging es immer noch darum, jedem Menschen möglichst viel Emanzipationsfreiraum zu schaffen – und dann zu schauen, was passiert.

Das Sexualtherapeutische Institut der Charité: ein schäbiger Altbau, ein schlecht verputztes Treppenhaus, kahle Räume. Ich habe mich gefragt, wie Menschen ausgerechnet hier lernen sollen, ihre Potenzschwierigkeiten oder ihre Frigidität zu überwinden. Aber deshalb hatte ich mir ja keinen Termin geben lassen, sondern um zu lernen, wie es aus Expertensicht um das Treueverhalten der Deutschen bestellt ist. Schlafen immer mehr Bürger mit wechselnden Partnern? Leiden sie unter ihrer Promiskuität? Suchen sie dagegen therapeutische Hilfe? Der Institutsmitarbeiter, der mich in seinem Büro empfing, stellte am Anfang unseres Gesprächs klar: Er fühlte sich nicht für Normen zuständig. Treue war für ihn keine Frage der Moral, sondern der persönlichen Präferenz. Dass sich die Rahmenbedingungen für lebenslange Monogamie verschlechtert hatten, gab er zu. Ausdehnung der Lebenserwartung, Ausweitung des Wahlspektrums, Anstieg der Glücksansprüche, da müsse man sich darauf einstellen, dass Menschen eine buntere Beziehungsbiographie hätten. Er plädierte dafür, sich damit zu arrangieren.

Auch in anderen Gesprächen mit Wissenschaftlern und Publizisten ist mir aufgefallen, dass Treue von den meisten als »Nice to Have«, nicht als »Must Have« verstanden wird. In den Medien, vor allem denen, die für Unterhaltung zuständig sind, kommt Treue ohnehin überwiegend in der Kategorie »Not Have« vor.

Ich selbst bin ab und zu der voyeuristischen Faszination von trashigen Privatfernseh-Sendungen wie »Familien im Brennpunkt« erlegen. »Ehefrau wird immer mannstoller« hieß eine Folge. Eine Stunde lang brüllten sie, ihr Mann und ihre Kinder sich an. Am Ende hatte ich Angst um Deutschland. Die Episode war natürlich frei erfunden, aber im Doku-Stil produziert, »Scripted Reality« sagen Fachleute dazu. Ich glaube nicht, dass den meisten Zuschauern der fiktive Charakter der Familien-Horrorshow bewusst ist. Kein Fernsehnachmittag ohne Beziehungskrach, Seitensprung, Trennung. Vor der Glotze sitzen dann die Kinder, die gerade aus der Schule kommen, und ihre Eltern, die da teilweise den ganzen Tag schon sitzen.

Die Medien verzerren unser Bild von der Beziehungswirklichkeit. In den Fernsehvorabendserien leben die meisten Menschen ohne Trauschein zusammen, oft auch mit einem Partner des gleichen Geschlechts. Dabei sind in Deutschland von rund 20 Millionen Paaren, die einen gemeinsamen Haushalt führen, nur 2 Millionen nicht verheiratet und nur 60 000 – das sind 0,3 Prozent – gleichgeschlechtlich orientiert. Sagt das Statistische Bundesamt. Als »Unwahrscheinlichkeitsverstärker« bezeichnet der Kommunikationswissenschaftler Joachim Hörisch die Medien. Die Fernsehkameras bilden die Wirklichkeit gerade nicht im 1:1-Maßstab ab, sondern zoomen dahin, wo etwas abgeht.

Die dollsten Liebesscharmützel – in Dolby Surround, Breitwand, HD, neuerdings 3D – liefert Hollywood. Für die Leinwand werden Träume produziert, hinter der Kamera eher Alpträume. Weil ich mich selber ein Jahr in und zwischen den Filmstudios herumgetrieben habe, weiß ich: Die vielen Beziehungskrisen der Stars und Sternchen sind nicht für die Medien inszeniert, sondern real. Ein paar hundert Superreiche, ein paar tausend Superschöne und Zigtausende Superehrgeizige rücken sich täglich in Cafés, Bars und bei Filmcastings auf die Pelle. Männliche Triebhaftigkeit trifft auf weiblichen Begehrt-sein-wollen-Narzissmus, und zwar seit ziemlich genau 100 Jahren, als die ersten Hollywood Studios aufmachten. Eine Frage, die mich schon seit langem umtreibt, ist, warum überhaupt jemand noch werden will wie die Stars, wenn deren Performance in Privatdingen doch so unterirdisch ist.

Die Liebesbilanz meiner Hollywood-Allzeit-Favoritinnen in alphabetischer Reihenfolge:

- Ingrid Bergman: dreimal verheiratet, dreimal geschieden.
- Bette Davis: viermal verheiratet, viermal geschieden.
- Ava Gardner: dreimal verheiratet, dreimal geschieden.
- Judy Garland: fünfmal verheiratet. Tod durch Schlafmittel-Überdosis.
- Audrey Hepburn: zweimal verheiratet, zweimal geschieden.
- Grace Kelly: vielfach liiert, einmal verheiratet, vielfach betrogen, depressiv, alkoholabhängig, Tod durch Autounfall
- Vivien Leigh: zweimal verheiratet, zweimal geschieden
- Marilyn Monroe: dreimal verheiratet, dreimal geschieden, Tod durch Schlafmittel-Überdosis
- Jean Simmons: zweimal verheiratet, zweimal geschieden, alkoholabhängig
- Elizabeth Taylor: achtmal verheiratet

Die Bilanz der männlichen Superstars ist nicht viel besser. Aber Humphrey Bogart, Gary Cooper, Cary Grant, Steve McQueen und John Wayne haben zum Schluss immer noch treue Frauenseelen gefunden, die sie liebevoll pflegten. In Hollywood gilt, wie auch vielfach sonst im Leben: Die Frauen sterben einsamer.

Im 21. Jahrhundert geht der Hollywood-Beziehungsreigen munter weiter, vielleicht mit dem Unterschied, dass es weniger Jaworte gibt, aber dazwischen mehr Affären. Und dass es bei Trennungen keinen Aufschrei der Empörung mehr gibt wie bei Ingrid Bergman, als sie 1950 ihren schwedischen Arzt-Gatten für den italienischen Star-Regisseur Roberto Rossellini verließ.

Keine Untreue ist KEINE Story.

Untreue IST eine Story.

Deshalb ist Untreue überproportional sichtbar, das verzerrt unsere Wahrnehmung der Wirklichkeit, was dazu führt, dass sich die Wirklichkeit der falschen Wahrnehmung annähert, ein bisschen wenigstens.

Mit der These, dass früher alles besser war, habe ich bereits aufgeräumt. Um einige moralische Helden beneide ich unsere Vorfahren allerdings. Die weibliche Adels-Ikone des späten 20. Jahrhunderts war Lady Di, deren Liebes-Vita als ziemlich katastrophal eingestuft werden muss.

Ihre Vorläuferin als Königin der Herzen war vor 200 Jahren hierzulande die Preußenmonarchin Luise. Ich jogge manchmal vorbei an ihrem Mausoleum im Schlosspark Charlottenburg, und am liebsten würde ich jedes Mal einen Blumenkranz niederlegen. Ihren Zeitgenossen galt die hübsche Mecklenburgerin als die Idealverkörperung von Anmut und Güte. Sie lernte ihren Mann, den späteren König Friedrich Wilhelm III., mit 17 Jahren kennen, heiratete ihn ein paar Monate später, bekam sieben Kinder und starb mit 34 Jahren. Nach der Verlobung schrieb sie ihrem zukünftigen Mann die lebensklugen Zeilen: »Sie lieben mich, ich liebe Sie, ein wenig Nachsicht von beiden Seiten, und alles wird gutgehen.« Einige Jahre Ehepraxis brachten sie zu der Erkenntnis: »Nicht Adel, nicht Reichtum, nicht äußere Vorzüge machen glückliche Ehen, sondern innige Liebe, Freundschaft, reine Grundsätze.« Nach einer Begegnung mit dem Königspaar jubelte der Dichter Novalis: »Wer den ewigen Frieden jetzt sehen und liebgewinnen will, der reise nach Berlin und sehe die Königin.«

Ich will nicht in royalistische Schwärmereien verfallen. Aber Vorbilder wie Luise würden uns heute auch guttun. Ich weiß natürlich, dass es sie gibt, vielleicht nicht an ganz so prominenter Stelle. Nur selten machen sie mit ihrer unspektakulären Liebesloyalität Schlagzeilen, dann nämlich, wenn sich ihr Verhalten zu einer Story verdichtet.

»Votum für die Liebste«, »OP Liebe«, »Ein Herz und eine Niedere«, »Die Geschichte einer großen Liebe«, »Aus Liebe – Steinmeier spendet Niere für seine Frau«, titelten die Gazetten, als der ehemalige SPD-Kanzlerkandidat seine Treue zu seiner Frau auf so tatkräftige Art demonstrierte. Das Thema zog eine Woche lang die Medienöffentlichkeit in ihren Bann. Auch mich selbst. Na also, geht doch, habe ich mir gesagt. In den Vorjahren war ich nämlich zu der zynischen Einsicht gekommen: Macht macht sexy, geil und letztendlich einsam. Dafür stand nicht nur der französische Präsident Sarkozy (dessen amourös umtriebigen Frau Carla Bruni die Zitate zugeschrieben werden: »Monogamie langweilt mich fürchterlich«, und: »Ich bin von Zeit zu Zeit monogam, aber ich ziehe die Polygamie vor. Die Liebe dauert lange, aber die brennende Lust nur zwei bis drei Wochen«) und der italienische Premierminister

Berlusconi (der als Protagonist in den Memoiren einer Edelprostituierten mit dem Titel »Greifen Sie zu, Herr Präsident« zu unrühmlichen Ehren kam), sondern zuletzt auch einige deutsche Politiker. Besonders ärgerlich fand ich ein Hintergrundgespräch mit einem Spitzenfunktionär von CDU/CSU. Er ätzte wortreich gegen den Werteabbau durch die 68er. Angesprochen auf die Eskapaden einiger Parteikollegen fiel ihm aber nicht mehr ein als: »Wir leben im 21. Jahrhundert. So was interessiert doch keine Sau mehr. Auch nicht in meiner Partei.« Die euphorischen Reaktionen auf die Steinmeier-OP zeigen, dass das nicht so ist.

Ab und zu werde ich gefragt, was ich als Hauptstadtkorrespondent von den Liebschaften der Hauptstadtpolitiker mitbekomme. Ziemlich wenig, muss ich dann zugeben. Die amourösen Umtriebe von Parlamentariern gehören nicht zu meinen Beobachtungsgebieten. Ich bin auf Spekulationen angewiesen. Ich spekuliere, dass verheiratete Politiker ebenso häufig oder selten fremdgehen wie Leute im gehobenen Management. In beiden Berufszweigen ist man ziemlich oft weg von zu Hause, das schafft überdurchschnittlich viele Gelegenheiten. Außerdem ist der berufliche Druck ziemlich hoch und der normale Mensch so beschaffen, dass er hohe Belastungen dadurch kompensiert, dass er sich in anderen Bereichen Schwächephasen gönnt. Ist halt so. Macht macht sexy, und Druck macht schwach. Allerdings werden es die wenigsten Politiker so wild treiben wie John F. Kennedy, dessen Zahl von Bettbekanntschaften auf weit über 1000 geschätzt wird und der trotzdem seinen Nimbus als Weltverbesserer behauptet hat. Zur Verteidigung von Politikern lässt sich außerdem sagen: Sie treten an für die Umsetzung politischer Programme, nicht moralischer Prinzipien, auch wenn beides nicht immer trennscharf ist.

Viele brillante Köpfe sind auf eine nicht besonders gut verträgliche Art »mono«: monomanisch statt monogamisch, das heißt in extremer Art ich-fixiert. Wer 90 Prozent seiner Zeit damit verbringt, den eigenen Geist abzuschürfen, dem bleibt logischerweise weniger Energie für die Zuwendung zu anderen. Solche Menschen bringen die Menschheit ein Stück weiter, dabei bleiben ihre Partner, Angehörigen und Freunde aber oft auf der Strecke. Das zeigen auch die Biographien sexueller Vielfraße wie Pablo Picasso, Charlie Chaplin, Jean-Paul Sartre, Georges Simenon. Selbst der von mir verehrte Martin Luther King glaubte, den enormen äußeren Druck nur dadurch bewältigen zu können, dass er zu anderen Frauen als der eigenen ins Bett stieg.

Vor ein paar Jahren habe ich an einer Anthologie über das Privatleben von berühmten Intellektuellen gearbeitet. Nach ein paar Monaten war ich von ihren außerehelichen Exzessen so desillusioniert, dass ich aufgegeben habe. »Künstler haben kein Heimatland«, behauptete der Schriftsteller Alfred de Musset. Viele haben auch keine Loyalität, außer zu sich selbst. Von den rund hundert Poeten, Musikern und Philosophen, deren Leben ich erforscht habe, überzeugte fast keiner durch ein stabiles Ehe- und Familienleben. Eines der lehrreichsten Dramen über die kalten Herzen von Künstlern ist »Clavigo«. Goethe schrieb es mit Mitte 20. In dem Theaterstück wird der Protagonist, ein hoffnungsvoller Schriftsteller, von seinem Freund belehrt, »dass außerordentliche Menschen auch darin außerordentliche Menschen sind, weil ihre Pflichten von den Pflichten des gemeinen Menschen abgehen«. Clavigo nimmt sich den Ratschlag zu Herzen und lässt seine Verlobte aus Karrieregründen sitzen. Goethe kannte solche Situationen.

Viele berühmte Literaten waren jämmerliche Langfristliebhaber. Und die schlimmsten Herzensbrecher schrieben die schönsten Liebesgedichte. Zum Beispiel Erich Fried (»… Es ist was es ist/Sagt die Liebe«), der seine Ehefrauen oft betrog. Oder Bertold Brecht (»Der, den ich liebe/Hat mir gesagt/Dass er mich braucht …«). Er vertraute seinem Tagebuch den Satz an: »Für einen starken Gedanken würde ich jedes Weib opfern«; rückblickend gesehen ist es schwer zu sagen, was Brecht mehr hatte: »Weiber« oder »starke Gedanken«.

Wenn es um Liebesdinge geht, und das ist bei den meisten literarischen Werken der Fall, ist männliche Literatur öfter Täterliteratur, weibliche Literatur öfter Opferliteratur. Die Männer verbrämen ihr Fehlverhalten, die Frauen verarbeiten ihre Enttäuschungen. Am Ende geht es immer auch um Selbstrechtfertigung. Das ist mitunter aufschlussreich, aber stärkt selten die moralische Entschlusskraft der Leser. Ich habe aufgehört, in Romanen nach Lehren für mein Liebesleben zu suchen.

Aber wo dann?

Im öffentlichen Raum ist die Treue ohne starke Lobby. Sie hat wenig Präsenz, außer, wenn sie aufhört. Und dann sorgen gewiefte PR-Strategen dafür, dass die Story einen positiven Spin bekommt und mit schicken Fotostrecken in Boulevardzeitungen exklusiv und offensiv als »neue große Liebe« verkauft wird. In den Wohnzimmern, an den Stammtischen und im eigenen Gehirnstübchen setzt sich dann die Erkenntnis fest: Der Treue ist der Spießer, der Dumme, das Opfer.

Das war allerdings nur selten anders. Honoré de Balzac über das Paris anno 1830. Seine Beschreibung könnte auch auf Berlin 2010 passen: »Dieses hohle Leben, diese immerwährende Erwartung eines Vergnügens, das sich nie einstellt, diese ewige Langeweile, diese Leere des Herzens und Hirns ...«

Neu ist, dass etwas weg ist. Die positive Gegenkraft zum natürlichen Negativismus des Medien- und Unterhaltsbetriebs. Die moralische Instanz. Der institutionalisierte Verstärker des Guten im Menschen.

Dabei denke ich nicht an die Zeitgeistphilosophen de jour, die von ihren Dachterrassen oder Talkshowsesseln ihre Lebensweisheiten absondern, natürlich nicht unter 10 000 Euro pro Auftritt. Auch nicht an die Psycho-Experten, die Beziehungsbrüche als kleine Betriebsunfälle des Lebens verharmlosen und damit, so argwöhne ich, auch ihre eigenen Lebensläufe rechtfertigen wollen.

Ich denke an die Kirche bzw. an die Kirchen.

Sollen die anderen sich darum kümmern, die Welt schöner und spannender zu machen. Die Kirchen sollen sie besser machen. Das ist ihr Job. Wer sich ein bisschen in der Bibel umtut, stellt bald fest: Der dort agierende Gott ist ein großer Treue-Fan. Wenn Menschen in der Bibel von ihm sprechen, dann loben sie seine Allmacht. Wenn er selbst von sich spricht, dann beschreibt er sich am liebsten als ... treu.

Schon zu biblischen Zeiten war der Allmächtige meistens unzufrieden mit der Treue-Lobbyarbeit seiner Hauptamtlichen. »Das Ehebrechen hat drastisch zugenommen«, beschwert sich Gott im alttestamentarischen Buch »Hosea« – und fügt hinzu: »Aber kritisieren will ich dafür nur euch Priester. Mein Volk ist auf dem falschen Weg, weil es die richtige Erkenntnis verloren hat. Daran seid ihr Priester schuld!«

Ich könnte mir vorstellen, Gott ist heute auch sauer. Ich bin es auf jeden Fall, weil ich mich alleingelassen fühle. Nicht nur von meiner eigenen Kirche, der evangelischen, sondern auch von der katholischen, die bisher als Moralverstärker eine zuverlässige Größe war, bis ihre Glaubwürdigkeit durch die Missbrauchsskandale lädiert wurde. Derzeit schätze ich die Lage so ein: Die evangelische Kirche ist zu nah dran am Zeitgeist, und zwar dem der 70er und 80er Jahre, denn in dieser Zeit erhielten die heutigen Synodalen, Theologen und Kirchenfunktionäre ihre Prägung, die längst anachronistisch ist. Die katholische Kirche, jedenfalls die hierarchische Spitze, ist oft zu weit weg von den Menschen.

»Pfarrer lässt Brautpaar allein vorm Altar stehen«, meldete im Sommer 2010 die Deutsche Presseagentur. Unter der Überschrift war zu lesen: »Der Geistliche hatte die Trauung schlichtweg vergessen. Die 30-jährige Iris und ihr 27-jähriger Partner Dominik waren nach der seit acht Monaten geplanten und gründlich vermasselten Traumhochzeit so wütend, dass sie drohten, aus der Kirche auszutreten.« Mit 2000 Euro Schmerzensgeld wurden sie von diesem Schritt abgehalten. Eine Geschichte mit symbolischer Bedeutung: Die Kirchen lassen Verliebte und Eheleute alleine, normalerweise nicht vor dem Traualtar, sondern im Alltag.

Wie ist es um die paartherapeutische Kompetenz der Kirchen bestellt? Ein Schauspieler und Komiker aus Berlin, Christian Ulmen, machte in seiner Radioshow die Probe aufs Exempel. Er wollte eine Antwort auf die Frage: »Wird Sex heutzutage überbewertet?« Ohne

Vorankündigung rief er kirchliche Behörden an, um eine Antwort zu bekommen: ein Pfarrhaus, ein Kloster, ein Institut. Es meldeten sich:

- Eine Hausmeisterin, die ihn informierte: »Der Pfarrer ist tot.«
- Eine Nonne, die ihn abwimmelte mit: »Sex – da sind wir nicht zuständig.«
- Ein Anrufbeantworter.

Zuletzt wählte Ulmen die Nummer eines Berliner Bordells. Die Damen zeigten sich sehr auskunftsfreudig. Nein, Sex sei nicht überbewertet, versicherten sie. Ganz im Gegenteil. Bevor sie mit ihren Preisangaben und Wegbeschreibungen richtig loslegen konnten, legte er auf.

Sprachlos beim Thema Treue war auch eine kirchliche Spitzenkraft, die eigentlich nicht als mundfaul galt: Margot Käßmann, damals noch Bischöfin und später für ein paar Monate EKD-Ratsvorsitzende, hatte sich von ihrem Ehemann getrennt. Sie schwieg über die Gründe. Insider sagten: Sie hatte es satt, von ihrem Ehemann, auch Theologe, betrogen zu werden. Ein triftiger Grund, wie ich finde. Hätte sie über den Schmerz gesprochen, den Untreue verursacht, hätte sie vielen Betroffenen aus der Seele geredet und eine wichtige Debatte eröffnet. Können Christen anders als Atheisten auf besondere göttliche Ressourcen zurückgreifen, wenn sie um den Erhalt ihrer Beziehung kämpfen? Oder sitzen wir alle im selben lecken Boot, das irgendwann vollgelaufen ist mit Verletzungen und absäuft? Geht auch die Liebe von Christen den Weg allen Fleisches, trotz göttlichen Beistands? Das hätte mich interessiert. Stattdessen redete Margot Käßmann lieber über die Verhältnisse in Afghanistan und über die Hartz-IV-Regelsätze und traf damit zwar nicht den Nerv der meisten Menschen, aber der Medien.

Manchmal kann ich die verzagten Kleriker ja verstehen. Sie wollen das Stigma der Schlafzimmerspioniererei loswerden, das sie sich in den letzten tausend Jahren verdient haben. Sie wollen gesellschaftliche Prozesse lieber moderieren als blockieren. Moderatoren haben hohe Beliebtheitswerte, Mahner und Moralapostel eher niedrige. Der Wegbereiter von Jesus, Johannes der Täufer, kriegte den Kopf abgeschlagen, weil er den Ehebruch des Königs Herodes kritisierte. Heute riskiert man nur, nicht mehr zu Dinner-Galas eingeladen zu werden, wenn man zu viel Moralin verspritzt.

Anders als der Staat ist die Kirche dazu berufen, Ehen pro-aktiv zu stabilisieren, bei Ehekrisen durch Seelsorgeangebote früh zu intervenieren und, wenn das nicht geholfen hat, die Schuldfrage zu stellen. Die Kirche ist dafür zuständig, die Präsenz des Guten in der Welt zu verstärken. Sie soll Glauben und Hoffnung vermitteln, nicht als Selbstzweck, sondern als Voraussetzung für dauerhafte Liebe. Sie soll Hochzeiten und Hochzeitsjubiläen als stolze Siege gegen das Diktat der Unverbindlichkeit feiern und jede Scheidung wie eine Beziehungsbeerdigung beklagen; sie soll denen, die für den Erhalt ihrer Ehe kämpfen, Mut machen und denen, die sich davonstehlen, es nicht zu leicht machen. Sie soll sich mit den Opfern solidarisieren und den Tätern ins Gewissen reden.

Die Realität sieht anders aus.

»Weißt du schon, Pfarrer X hat sich gerade von seiner Frau getrennt«, erzählt mir am Telefon meine Mutter die neuesten Nachrichten aus dem Kirchenkreis. »Pfarrer Y ist seine Frau weggelaufen ... Pfarrerin Z ist jetzt mit einer Frau zusammengezogen ... Ich versteh die Welt nicht mehr ...« Und die Welt versteht die Kirche nicht mehr.

Die Kirche ist zwar auch eine Gemeinschaft der Gestrandeten, vor allem aber eine Gemeinschaft der Liebenden. Wenn die Fachkräfte, die vorleben sollten, wie man sich in guten und schlechten Zeiten umeinander kümmert, stattdessen das Scheitern vorexerzieren und sich anschließend noch über das gönnerhafte Mitleid der säkularen Szene freuen, dann ist das so, als wenn Vertreter der positiven Psychologie sich reihenweise erhängen würden.

Ein Trauerspiel, finde ich ...

... und nehme ausdrücklich all die Pfarrer und Pfarrerinnen, deren Gemeinden sichere Orte für Liebes- und Glaubenssuchende sind, von dem Pauschalurteil aus.

Und über die spezifischen Herausforderungen der katholischen schweige ich hier als Protestant.

In anderen christlich geprägten Ländern sieht es übrigens nicht besser aus.

In dem Spielfilm »You Can Count on Me« (Regie: Kenneth Lonergan, USA 2000) bittet eine alleinerziehende Mutter, Sammy, einen protestantischen Pfarrer, Ron, um seelsorgerliche Hilfe. Sie schläft mit ihrem Boss, der allerdings verheiratet ist und dessen Frau ein Kind erwartet.

*Sammy: Ich weiß nicht, was die aktuelle Haltung der Kirche zu Ehebruch und Promiskuität ist.*
*Ron: Tja ... das ist eine Sünde.*
*Sammy: Gut, sollte es auch.*

*Ron: ... aber wir konzentrieren uns nicht auf diesen Aspekt.*

*Sammy: Vielleicht war es früher besser. Da beichtete man und kriegte einen ordentlichen Einlauf dafür, dass man mit seinem verheirateten Boss geschlafen hat.*

*Ron: Äh ... nein.*

*Sammy: Nun, ich finde es viel besser als diese ganze »Warum bist du in dieser Situation?«-Psychoscheiße, die man dauernd hört.*

*Ron: Tja ... was denkst du, warum bist du in dieser Situation?*

Schöne Hilfe.

Gott steht da, wo die Kirchen auch stehen sollten, nämlich im Zweifel bei den Schwächeren, bei den Opfern von seelischer Grausamkeit, bei denen, die verlassen und verletzt und alleingelassen werden, bei denen, die nicht weiterwissen.

Die wichtigste Aufgabe der Kirche wird in Zukunft allerdings nicht sein, Kanzelreden zu halten und Hirtenbriefe zu verschicken, sondern neue Räume zu schaffen: Orte, an denen Liebe und Treue gelebt und erlebt werden kann. Und damit meine ich nicht Kirchencafés und Dritte-Welt-Läden, sondern 24/7-Angebote für kontakt- und liebesuchende Mitbürger. Nur müsste dafür neues Personal ausgebildet, eine neue Infrastruktur aufgebaut und die vorhandenen Kirchensteuergelder umgeschichtet werden.

Aber vielleicht würde das gar nicht mehr viel bewirken. Weil die Deutschen sich längst andere Propheten gesucht haben.

»Wer verkörpert ein Deutschland, wie Sie es sich wünschen«, fragte der *SPIEGEL* in einer großen Umfrage. Nur einer Minderheit fiel dazu der Papst ein. Die Top 20 der Ideal-Bürger setzten sich zusammen aus acht Show- und Mediengrößen, fünf Parteipolitikern, vier Fußballprofis, zwei Publizisten – und Margot Käßmann. Zehn der vermeintlichen Vorbilder davon hatten bereits durch die eine oder andere schlagzeilenträchtige Affäre auf sich aufmerksam gemacht. Lauter Leichtgewichte. Die reinste Clownparade. Mir fällt dazu ein bekannter Romantitel ein. »Mit den Clowns kamen die Tränen«.

# 13    Schwof der Vampire

## Schöne Aussichten

Here I go again on my own
Goin' down the only road I've ever known
Like a drifter I was born to walk alone.
*(Whitesnake, Here I Go Again)*

**A**m 2. September 2010 habe ich vor dem Brandenburger Tor die Zukunft der Liebe gesehen. »Alle
Teilnehmer auf die vorbereitete Fläche treten«, rief die
Frau ins Megafon. Die Fläche bestand aus einigen De-
cken. 30 Männer und Frauen, die meisten etwa 40 Jahre
alt, zogen ihre Schuhe aus und tänzelten auf Socken
aufeinander zu. Am Rand standen Helfer und verteilten Info-Blätter. Auf denen war zu lesen, dass sich
Menschen heutzutage vielfach »gestresst, einsam, unglücklich« fühlten. Ab 14 Uhr MEZ wurde zurückge-
kuschelt. Während die 30 Männer und Frauen anfingen, sich anzufassen und sich zu streicheln, gab die
Frau weiter Anweisungen: »Geht jetzt langsam in die
Knie, legt euch hin, streichelt weiter, ganz vorsichtig,
ganz entspannt …« Bald wälzte sich ein Menschen-
knäuel auf dem Boden, 30 Körper, 60 Hände, 300 Finger, die hingebungsvoll kraulten, rieben, liebkosten,
allerdings ausdrücklich nur die nicht-erogenen Zogen.
Zusammen mit Fotografen, Journalisten und vielen
Schaulustigen stand ich am Rand und beobachtete das
Kuschel-Inn, organisiert von der Berliner Kuschelsze-
ne, die auch regelmäßige private Kuschel-Partys veran-

staltet: ein Konzept, das vor fünf Jahren aus der Stresswelthauptstadt New York nach Berlin gekommen war. »Kuscheln macht glücklich«, stand auf einem Transparent, das drei Helfer hochhielten. Ich überflog den Flyer, den ich ausgehändigt bekommen hatte: »Berührungen sind eine einfache schöne und kostengünstige Möglichkeit, tief zu entspannen.« Warum darauf verzichten, wenn gerade kein fester Partner zur Hand ist?

Die abgeschwächte Variante des organisierten Kuschelns sind die Umarmungen, umgangssprachlich »Hugs«, die sich mittlerweile als Begrüßungsritual etabliert haben. Sich einfach mal in den Arm nehmen, wenn auch nur kurz, das tut gut. Noch besser, wenn ein oder zwei gehauchte Küsschen dazukommen. Körperkontakt ist in. In Berlin, Oslo, New York bin ich Aktivisten begegnet, die mit »Free Hugs«-Schildern auf Einkaufsstraßen standen und Gratis-Umarmungen verteilten.

Manchmal werden auch die Mauern aus Textil abgebaut und Haut an Haut gerieben. Von der Sehnsucht nach situativer Nähe profitiert der Aktionskünstler Spencer Tunick. In mehr als einem Dutzend Weltmetropolen hat er bereits FKK-Massenfotoshootings veranstaltet, mit Tausenden von Freiwilligen, die sich nackt und stolz dicht aneinander reiben.

Zwei Wochen nach der Kuschel-Party drehte ein bekanntes Fashionlabel weiter an der Intimisierungs-Schraube und organisierte in Berlin zur frühen Abendstunde eine Kuss-Party. Tausend Menschen wurden zusammengetrommelt und mit Werbegeschenken und wummernden Bässen dazu animiert, loszuknutschen, möglichst mit wildfremden Menschen. Von der Bühne gab eine blonde Moderatorin Anweisungen. Die Textbausteine waren die gleichen wie bei den Kuschlern: »Küssen tut gut.« – »Küssen ist gesund.« – »Küssen ist sexy.« Es muss ja nicht gleich Liebe sein.

Die Welt rückt zusammen und wir uns auf die Pelle. Wir sind ja auch immer mehr. 7 Milliarden. Und trotzdem »Allein, Allein«. Der Song der sächsischen Popgruppe »Polarkreis« war vor ein paar Jahren der Renner. Da quetschten sich Zigtausende junger Menschen der Bühne entgegen und johlten: »Wir sind allein. Allein, allein.«

Es gibt Abhilfe: In Japan haben Tüftler für einsame Frauen eine Liebesprothese entwickelt: eine Stoffpuppe, die aussieht wie ein echter Kerl und die den Arm so angewinkelt hat, dass sich Frau hineinkuscheln kann: »Boyfriend Arm Pillow« heißt dieses Frauen-Gadget. Männern bleibt die bewährte Gummipuppe.

Aus den USA wird gemeldet: Im letzten Vierteljahrhundert ist die Frequenz gemeinsamer Familienmahlzeiten um ein Drittel gesunken. Die Anzahl der Menschen, die sich verbindlich in Kirchen oder Vereinen engagieren, sogar um zwei Drittel.

Menschen werden zu Einzelkämpfern an der Liebesfront.

Menschen werden einsam. Sie wollen Nähe, sie scheuen Verbindlichkeit, sie kriegen am Ende nur Kontakte. Geschäftskontakte. Gesprächskontakte. Körperkontakte. Zu wenig. Zu wenig Liebe.

Die beiden bekanntesten utopischen Romane sind »Schöne neue Welt« und »1984«. In beiden Fällen handelt es sich eigentlich um Dystopien, das heißt: Negativ-Utopien. Sie beschreiben Gesellschaften, deren Mitglieder zwar in Kollektiven organisiert sind, die aber vereinsamen und verkümmern. In Aldous Huxleys Roman, der »im Jahr 632 nach Ford« angesiedelt ist, werden sie durch Sex und Drogen davon abgehalten, Widerstand zu leisten. »In Verbindung mit der Freiheit des Tagträumens und unter dem Einfluss von Rauschmitteln, Filmen und Rundfunk«, prophezeit Huxley im Vorwort, »wird die sexuelle Freiheit dazu beitragen, seine Untertanen mit der Sklaverei, die ihr Los ist, auszusöhnen.« In George Orwells Roman werden die Untertanen nicht sediert, sondern durch Terror gefügig gemacht. Als zwei Liebende zueinanderfinden, Winston und Julia, zwingt das Regime des Großen Bruders sie dazu, einander zu verraten. Nachdem sie seelisch gebrochen waren und ihre Beziehung zerstört worden ist, begegnen sie einander noch einmal:

>   »›Ich habe dich verraten‹, sagte sie.
>   ›Ich habe dich verraten‹, sagte auch er.
>   ›Du interessierst dich nur für dich selbst‹, ergänzte sie.
>   ›Du interessierst dich nur für dich selbst‹, gab er zurück.«

Die Horror-Vision ist nicht, wie man aus der aktuellen Diskussion um soziale Absicherung ableiten könnte, eine Welt ohne Wohlstand, sondern eine Welt, in der Menschen sich nicht mehr auf der Basis von Liebe und Treue umeinander kümmern. Die Horror-Vision von »Schöne neue Welt« und »1984« ist, dass der Staat das Fürsorgemonopol übernimmt. Huxley und Orwell wussten: Satt und sauber reicht lange nicht.
Für jede These gibt es eine Gegenthese. Wenn ich be-

haupte, dass der soziale Klebstoff schwächer wird, kann mir entgegengehalten werden, dass das einseitige Panikmache ist.

- Schließlich treten Patchwork-Konstellationen an die Stelle traditioneller Familienstrukturen, elternreiche Kinder an die Stelle kinderreicher Eltern. Ein einfacher Reichtums-Transfer.
- Schließlich wird das Verhältnis zwischen Kindern und Eltern immer besser und nicht-familiäre Kontakte immer wichtiger. Freundschaftscluster ersetzen Familienverbände.
- Schließlich wird der Verlust weniger starker Bindungen durch die Gewinne vieler schwacher Bindungen kompensiert.
- Schließlich haben wir uns mit dem Internet und seinen sozialen Netzwerken einen völlig neuen gesellschaftlichen Raum erschlossen.
- Schließlich ist der Mensch anpassungsfähig und ist es überhaupt noch immer gutgegangen. Wenn die Nester kalt werden, suchen wir uns die Nestwärme woanders: in Clubs, auf Flashmob-Events, bei Kuschel- und Kusspartys. Eine Entwicklung, bei der alle nachher vielleicht noch glücklicher sind als vorher.
- Schließlich können sie sich, mehr als je zuvor, aussuchen, mit wem sie soziale Kontakte pflegen wollen. Zwischenmenschliche Begegnungen werden bunter und befristet – und dadurch sogar besser.

Ich erkenne in solchen Annahmen vor allem eine erstaunliche menschliche Fähigkeit: sich selbst zu belügen und Gefahrenpotentiale rhetorisch zu airbrushen.

Vor allem das Internet ist seiner Natur nach ein herzloses und illoyales Medium. Wo Beziehungen klickweise aufgebaut und abgebrochen werden können, bleiben sie billig und beliebig. Bei Spendeninitiativen auf Facebook, ob für Haiti oder Pakistan, machten Zigtausende mit, spendeten zusammen aber nur ein paar hundert Euro. »Das Gefühl der Mitmenschlichkeit wird schwächer, indem es sich über die Erde ausdehnt«, wusste bereits Jean-Jacques Rousseau. Die Gleichung »10 schwache Bindungen = 1 gute« geht nicht auf. In Krisenzeiten bleiben die Biergarten-Kumpel und Facebookfreunde weg.

Das Internet erleichtert die Kontaktanbahnung, erschwert aber die Kontaktpflege, weil das Zeitbudget durch die Kontaktinflation schmaler geworden ist.

Im Internetzeitalter ist aller Anfang leicht, am leichtesten für die, die eine hohe Attraktivität und eine hohe Sozialkompetenz haben. Schließlich entscheidet gerade im Internet der erste Eindruck, ob ein erster Kontakt überhaupt zusammenkommt.

»90 Betten in 90 Tagen« hieß das Projekt einer Studentin, die sich eine Extremversion des »Couchsurfing« vorgenommen hatte und anschließend im *SPIEGEL ONLINE* darüber schrieb. Im Internet lud sie sich bei 90 Leuten, die sie vorher noch nie gesehen hatte, zum Übernachten ein. Sie kriegte einen gratis Schlafplatz und die Gastgeber eine nette Abendunterhaltung. Am Ende schien sie von dem Kontaktoverkill etwas ermüdet, aber auch sehr stimuliert. Sie war 25 und ziemlich hübsch. Ein 85-jähriger Rentner oder 55-jähriger Hartz-IV-Empfänger hätte Probleme gehabt, eine einzige Gratis-Schlafmöglichkeit zu bekommen.

In einer Zeit, in der Beziehungen auf Sicht gepflegt

werden, gewinnen die Starken und die Schönen, die Jungen. Kontakte muss man sich verdienen. Zuwendung und Zuneigung gibt es immer weniger als Geschenk, immer öfter als Bezahlung für eine vorher erbrachte Leistung. Liebestauschhandel. Die Universalisierung der Tauschgesellschaft. Am Schluss zahlt man mit dem eigenen Leben.

Das kommt in der »Experten fürs Leben«-Plakataktion der »Caritas« zum Ausdruck. Gut gemeint, aber in seiner meritokratischen Ausrichtung irgendwie auch zynisch. Auf den Plakaten sind Menschen mit faltigen Gesichtern und erwartungsvollen Augen abgebildet. Unter den Senioren-Fotos stehen Slogans wie:

- »Expertin für Sonntagsbraten sucht Zuhörer.«
- »Experte für Lebensfreude sucht Rollstuhlschieber.«
- »Experte für Lebenskrise sucht Briefeschreiber.«
- »Expertin für Liebeskummer sucht Ausgehhilfe.«

Was ist mit denen, die eigentlich kein Expertenwissen beizusteuern haben? Die aber trotzdem hören wollen, dass es gut ist, dass sie da sind. Ein treuer Freund, Familienangehöriger, am besten: Partner.

Bedingungslose Solidarität kriegt man so jedenfalls nicht.

Treue Liebe ist nicht zuletzt eine Art Lebensversicherung, die in den schlechten Zeiten ausgezahlt wird. Dann allerdings nicht mit der säuerlichen Miene von Versicherungsbürokraten, sondern mit einer Haltung selbstverständlicher Güte, weil längst nicht mehr zwischen Ich und Du aufgerechnet wird, sondern das Wir einen kostbaren Selbstwert erlangt hat.

In seinem Roman »Jedermann« beschreibt Philip Roth

einen Mittelklassebürger, der sich im Alter von seiner Ehefrau trennt, um eine sexy Schwedin zu heiraten. Dann erkrankt er an Krebs. Die spontane Reaktion seiner heißen Braut: »Und was wird aus mir?« Er erkennt: »Er hatte die hilfsbereiteste Frau, die man sich vorstellen konnte, gegen eine Frau eingetauscht, die unter dem leisesten Druck zusammenbrach.«

Der französische Romanautor Michel Houellebecque hat in »Elementarteilchen« das Unvermögen von Gewohnheitsegoisten beschrieben, einander im Krisenfall beizustehen und Liebe da zu investieren, wo sie sich nicht unmittelbar auszahlt.

Bruno, selbst Scheidungskind, lebt ein sexuell ausschweifendes Leben. Irgendwann begegnet er der ebenso hedonistisch orientierten Christine. Die beiden verlieben sich ineinander und beginnen eine »offene Beziehung«. An der Qualität ihrer Liebe, so versichern sie einander, wird das nichts ändern. Dann landet Christine durch einen Verkehrsunfall im Rollstuhl. Bruno beteuert, ihr beistehen zu wollen. Sie gibt zu bedenken: »Du hast noch eine Weile zu leben, du bist nicht gezwungen, den Rest deines Lebens damit zu verbringen, dich um einen Krüppel zu kümmern.« Bruno versichert, dass ihm das nichts ausmacht. Dann verlässt er ihre Wohnung. Ruft nicht mehr an. Tut nichts. Wartet. So wie Christine in ihrem Rollstuhl beim Telefon auf seinen erlösenden Anruf wartet. Es gibt keine Erlösung. Christine bringt sich um. Elementarteilchen, die sich ab und zu zu einem Orgasmus zusammenfinden, ergeben eben nicht automatisch einen gesunden Organismus.

Wir alle werden einsamer, im Alter, oder schon davor. Uns sterben geliebte Menschen weg. Dagegen kann man nichts machen. Dagegen, dass Menschen immer öfter einfach weggehen, sich umorientieren, sich neu umsehen, schon.

Oder man richtet sich darauf ein, dass Kontaktakquise zum Dauerprojekt wird. Daran, dass man immer wieder bei null anfängt, bis man selbst bei null angekommen ist.

Manchmal alpträume ich vom Jahr 2050. Wenn ich mit meinen Single-Altersgenossen im doppelten Sinne 80er-Partys feiere, wenn wir zu »Gib Gas, ich will Spaß« schwofen und gemeinsam den Trio-Hit »Dadada – Ich lieb dich nicht, du liebst mich nicht« krächzen: »Was ist los mit dir, mein Schatz, geht es immer nur bergab?« Das heißt: wenn die Betreuer so nett sind, abends den Gemeinschaftsraum aufzuschließen und die Musikanlage anzumachen … Vielleicht hören wir dann auch den 80er-Oldie von Heinz-Rudolf Kunze. »Dein ist mein ganzes Herz …«

> »Wir sind wie alle anderen,
> denn wir möchten heim.
> Es ist fast nie zu spät
> das zu kapieren.«

Gut, wenn man das rechtzeitig begreift und irgendwann daheim mehr auf einen wartet, als ein 100-Zoll-1-Million-Pixel-Flachbrettbildschirm und ein Internetzugang.

# Dritter Teil

## Wie?
## Der Weg der Treue

# 14    Stehvermögen

## Lernen

> »Wer im Geringsten treu ist,
> der ist auch im Großen treu;
> und wer im Geringsten ungerecht ist,
> der ist auch im Großen ungerecht.«
> *(Jesus)*

Seit ein paar Jahren gibt es den Begriff »Loha«, er bezieht sich auf Menschen, die einen »Lifestyle of Health and Sustainability« pflegen. Gesundheitsfreaks und Ökos also. Man könnte den Begriff aber auch anwenden auf Menschen, deren Leben geprägt ist von gesunden und nachhaltigen Beziehungen. Nicht, weil sie Glück hatten, sondern, weil sie Charakter haben. Treue-Lohas also.

Was für Muskeln man hat, lernt man, wenn man unter einer Langhantel liegt und Gewichtsscheiben draufgepackt werden. Was für einen Charakter man hat, lernt man, wenn der Druck kommt.

In den satten 1990er Jahren konnten wir es uns leisten, über Werte zu reden. In den 2010er Jahren, in denen immer irgendwo irgendein Ernstfall auftritt, reden wir über Charaktere, das heißt: über Menschen, die gute Werte verinnerlicht haben. Menschen für jedes Wetter und jede Jahreszeit.

Ich wüsste gerne, was wirklich in mir steckt. Allerdings werde ich das womöglich erst herausfinden, wenn es zu spät ist, daran zu arbeiten. In der Krise. Ehrlich gesagt: Wenn ich Angst davor habe, enttäuscht zu werden, dann von mir selbst. Ich fürchte, dass ich im Ernstfall eher Geher bin als Steher, ein Gefühlsopportunist und kein Charaktermensch.

Ich kenne genug abschreckende Beispiele. Als ich Kind war, besuchte ein Reiseprediger unsere Kirchengemeinde. Er veranstaltete eine Bibelwoche. Hunderte Menschen kamen zusammen, um sich von ihm sagen zu lassen, wie sie ihr Leben glaubenstechnisch auf die Reihe kriegen sollten. Er redete mit so viel Verve und Überzeugungskraft, dass unsere Gemeinde ihn immer wieder anheuerte. Er war ein bescheidener Mann, der nicht darauf bestand, in einem Hotel einquartiert zu werden, sondern der sich damit zufriedengab, in meinem Kinderzimmer zu übernachten. Tagsüber saß er in unserem Wohnzimmer und schwärmte von seinen Erlebnissen mit Gott, seiner Frau, seinen Kindern. Kein theologischer Softie, sondern ein kerniger Typ, der es in jungen Jahren fast zum Fußballprofi geschafft hätte. Ich verehrte ihn. Ein paar Jahre später erkrankte seine Frau unheilbar an Krebs. Er verliebte sich zeitgleich in eine andere Frau. Er verließ seine Frau und kam noch nicht einmal für einen Besuch am Sterbebett zurück.

Ich fragte mich damals: Wie kann man sich selbst vertrauen, wenn sogar solche Glaubensheroen so kläglich scheitern?

Bis jetzt sieht meine Treuebilanz ja ganz ordentlich aus. Vielleicht war ich bisher ein Vermeider, weil ich nicht viele Beziehungen eingegangen bin, aber ein Verpisser war ich nicht. Beziehungen bedeuteten mir immer mehr als Karriere, und wenn ich mein Wort gegeben habe, dann habe ich es gehalten. Nicht, weil ich mir das hart erkämpft habe, sondern weil ich so erzogen worden bin. Das Wort »Charakter« kommt aus dem Griechischen und bedeutet Prägung. Etwas wird uns eingeprägt, und wir prägen damit wiederum andere. Auf die Einstellung kommt es an. Eingestellt werden wir aber größtenteils von anderen, von Eltern, Geschwistern, Freunden, Kollegen.

In seinem Buch »Überflieger« führt der Journalist Malcolm Gladwell den Erfolg von Genies, Spitzenpolitikern und Wirtschaftsgrößen auf »versteckte Vorteile« in deren Kindheit zurück: ideale Rahmenbedingungen, die sich über die Jahre zu einem »kumulativen« Gesamtvorteil auswachsen. Auch hier sieht man, wie wichtig eine wirkliche Familie ist. In einem synthetischen Nest passiert nichts, was Charakter schafft oder eine Art ganzheitlicher Disposition konstituiert, die uns erlaubt, nachhaltig mit dem Leben fertig zu werden.

Mit der Treue- und Hingabefähigkeit ist es genauso. Sicher gebundene Kinder werden zu Erwachsenen, die sich sicherer binden können. Anders ist es mit Seelen, die in jungen Jahren nicht geschützt wurden. Sie schützen sich selber dadurch, dass sie eine Hornhaut anlegen. Diese Hornhaut bewahrt vor neuen Angriffen, aber verhindert auch echte Nähe. So unfair das ist: Eine Chance für die Liebe bekommt man Jahrzehnte bevor man sie als Chance wahrnimmt.

*Dressur* nennt man eine unfrei übernommene Einstellung. *Charakter* ist eine Haltung, die ich mir frei zu eigen gemacht habe. Treue ist deshalb nicht nur eine Frage der Prägung, sondern auch der Umgebung. Es ist nicht so wichtig, wer man sein will und was man aus sich macht – als wen oder was man an sich ranlässt. Charakterbildung entsteht weniger aus Imagination als aus Imitation. »Wenn du mit einem Krüppel lebst, wirst du lernen zu humpeln«, sagte man in der Antike dazu.

Ich bin froh, dass ich immer von Menschen umgeben war, die mir den moralisch aufrechten Gang beigebracht haben. Ich habe einige ältere Freunde, seit Jahrzehnten glücklich verheiratet, von deren Steherqualitäten ich mir wünsche, dass sie auf mich abfärben. Mit dem gleichen Vorsatz lese ich die Biographien von Männern und Frauen, die Größe auch im Privatleben demonstriert haben: Luther, Bonhoeffer, C. S. Lewis.

Sozialwissenschaftler nennen ein Ambiente, das unser Verhalten in die eine oder andere Richtung lenkt, »Auswahl-Architektur« oder »Plausibilitätsstruktur«. Wer die Tugend der Treue verinnerlichen will, braucht ein soziales Umfeld, das treues Verhalten plausibel macht und belohnt. Das kann die Familie sein oder der Freundeskreis oder die Kirche. Sie dienen als Charakter-Prothesen, wenn die eigene Stärke nicht ausreicht. Viagra für die Seele.

In den neunziger Jahren sorgte in den USA eine Massenbewegung für Aufsehen, die sich »True Love Waits« nannte, »Wahre Liebe wartet«. Überall im Land versammelten sich christliche Teenager in Sportstadien und gelobten ihre Jungfräulichkeit bis zur Ehe. Nur die wenigsten hielten ihr Keuschheitsgelübde. Diejenigen, die eisern blieben, verfügten über keine besondere Abstinenztechnik. Was sie von den anderen unterschied, war, dass sie in ihren Milieus geblieben waren, das heißt: in ihren konservativen Kirchengemeinden. Diejenigen, die auf einen liberalen College Campus gezogen waren, hatten sich den dortigen Sitten angepasst. Sie hatten die Plausibilitätsstruktur gewechselt und sich in eine andere Auswahl-Architektur eingefügt.

Ich will von diesem Beispiel kein Plädoyer für sexuelle Enthaltsamkeit ableiten, sondern die allgemeingültige These aufstellen: Ambiente ist nicht alles, aber fast.

Natürlich gibt es auch ein richtiges Leben im falschen, etwa in Diktaturen. Das ist aber schwieriger und gelingt seltener. Man muss es ja nicht darauf ankommen lassen. Wer treu leben will, sollte den Umgang mit überzeugten Don Juans und Delilahs aufs Nötigste beschränken.

Auch die Medien erzeugen eine Art von Plausibilitätsstruktur. Einmal habe ich einen verregneten Nachmittag damit verbracht, Hemden zu bügeln und mir dabei sechs Folgen von »Sex and the City« anzusehen. Die Permanenz, in der dort über Seitensprünge geschwafelt wurde, hat mich demoralisiert. Mir ist aufgefallen, dass ich die Frauen, die ich in den nächsten Tagen im echten Leben getroffen habe, anders angesehen habe. Kälter. Egoistischer. Ich habe nie wieder eine Folge der Serie gesehen. Später entdeckte ich die Serien »Entourage« und »Californication«: noch mehr horizontale Verstrickungen der Schönen und Reichen, diesmal an der US-Westküste und aus Männersicht. Kaum eine Romanze, die eine einzelne Folge überdauert. Moralische Runterzieher. Ich habe die DVDs inzwischen in den Abstellkeller entsorgt.

Der Philosoph Epikur – wahrlich kein Lustgegner, aber ein Lustrealist – empfahl seinen Schülern, sich freizuhalten von »Verwirrungen der Seele«. Heute würde er ihnen vielleicht raten, ein Anti-Schmutz-Filterprogramm auf ihren Computern zu installieren. Porno storno. Zu solchen Mitteln der freiwilligen Selbstkontrolle zu greifen hat nichts mit Schwäche zu tun, sondern im Gegenteil mit charakterlicher Stärke.

Ich habe ein solches Programm auf meinem Rechner. Es hat den unangenehmen Nebeneffekt, dass es auch einige harmlose Sport- und Shownews-Portale blockt. Aber es hält die schlimmste Gülle effektiv von meinem Hirn fern.

Charakter erbt man, erlernt man und erarbeitet man sich. Für meinen Charakter bin ich zu ungefähr 50 Prozent selbst verantwortlich. Das ergibt sich aus der folgenden nicht ganz wissenschaftlichen Kalkulation:

- Für meine Prägung kann ich nichts (0 Prozent Eigenanteil).
- Für meine Umgebung teilweise (50 Prozent Eigenanteil).
- Für meine Anstrengungen bin ich selbst verantwortlich (100 Prozent Eigenanteil)

Mit Anstrengung meine ich die tägliche, meistens unbewusste Arbeit an meiner Persönlichkeit. »Ich bin mein Tun«, hat es der Dichter Gerald Manley Hopkins auf den entscheidenden Punkt gebracht. Das gute Sein will geübt werden. Learning Being by Doing.

Wie eine erfolgreiche »Treue«-Verhaltenstherapie aussieht, weiß ich auch. Ich habe nur einige ungefähre Vorstellungen von dem, was wichtig ist. Ich selbst habe mir vorgenommen, in den folgenden drei Charakterdimensionen besser und beziehungsfähiger zu werden:

- Fokus
- Konsequenz
- Demut

Mit dem Fokus fängt alles an. Wem oder was schenke ich meine Aufmerksamkeit? Zeit und Energie sind meine wichtigsten Ressourcen. In welche Richtung lenke ich beides? Ich kann mir das Sammeln von Glücksmomenten zur Lebensaufgabe machen und mit dieser Einstellung den Markt der Möglichkeiten, auch der romantischen, abgrasen. Oder ich kann meine Aufmerksamkeit meiner Partnerschaft und meinen Freundschaften schenken und mich daran freuen, wenn diese aufblühen.

Konsequenz entsteht, wenn meine Aufmerksamkeit konstant bleibt und nicht jedes Mal, wenn neue Reize auf mich eindringen, abbricht und abwandert. Konsequente Menschen sind heute so und morgen immer noch so, auch wenn ihre Geduld und Ausdauer auf eine harte Probe gestellt werden. Im Berufsleben entscheidet nicht so sehr der IQ über den Erfolg, sondern die Fähigkeit zur Selbstbeherrschung. Im Beziehungsleben ist es genauso. Wer ja sagt, muss auch nein sagen, auch wenn es weh tut. Das ist das Ergebnis des »Marshmellow-Tests« aus den sechziger Jahren: Kinder wurden vor die Wahl gestellt, einen Marshmellow sofort zu verzehren oder eine gewisse Zeit zu warten und dann mit einer zweiten Süßigkeit belohnt zu werden. Die Kinder, die ihren Appetit erfolgreich zügeln konnten, bewiesen damit nicht nur eine größere Willensstärke, sondern auch eine größere Frustrationstoleranz. Sie schafften es, ihre Gedanken von dem Objekt der Begierde wegzulenken und die Belohnung im Auge zu behalten. Am Ende erhielten sie nicht nur den zweiten Marshmellow, sondern auch das bessere Leben. Nach einigen Jahren, als die Kinder das Erwachsenenalter erreicht hatten, schauten die Testadministratoren nach, was aus ihnen geworden war. Die Kinder, die dem kleinen Hunger zwischendurch widerstanden hatten, entpuppten sich als Gewinnertypen. Für die Fähigkeit zur treuen Liebe heißt das: Es kommt darauf an, auch in Durststrecken zäh und konsequent dranzubleiben. Unter Umständen kann sich das anfühlen, als verleugne man seine eigenen Sehnsüchte und verschleudere man sein eigenes Potential. Unter Umständen kann das tatsächlich so sein. Dass man den Marshmellow nicht isst, heißt nicht immer automatisch, dass es die doppelte Belohnung gibt. Ohne Risiko gibt es nicht einmal die Treue.

Deshalb kommt es am Ende auf die Demut an, darauf, dass man sich nicht so wichtig nimmt und die eigenen Glücksinteressen nicht gegen die des Partners ausspielt. Die besten Tipps zur Einübung in der Haltung der Demut habe ich einem Brief entnommen. Er ist über 200 Jahre alt und stammt aus der Feder des Dichters Matthias Claudius. Der war ein Zeitgenosse von Goethe und Schiller, tauschte aber eine verheißungsvolle Schriftstellerkarriere gegen biederes Familienglück ein. Um seine Frau und Kinder zu ernähren, gab er eine Zeitschrift heraus. Journalistisches Schwarzbrot statt literarischer Feinschmeckerkost. Kurz bevor er das 60. Lebensjahr erreichte, fasste er seine Lebensweisheiten für seinen Sohn Johannes in einem Brief zusammen. Fast alle Ratschläge zielen darauf, wie wichtig es ist, Bescheidenheit und Güte zu kultivieren:

- »Habe immer etwas Gutes im Sinn.«
- »Denke oft an heilige Dinge.«
- »Scheue niemand so sehr wie Dich selbst.«
- »Wo Geräusch auf der Straße ist, da geh vorbei.«

- »Wenn Dich jemand Weisheit lehren will, sieh vorher in sein Angesicht.«
- »Hänge Dich an keinen Großen.«
- »Sitze nicht, wo die Spötter sitzen, denn sie sind die elendesten unter allen Kreaturen.«

Am besten gefällt mir der folgende Ratschlag, der nur auf den ersten Blick duttgrau wirkt:

- »Tu keinem Mädchen Leid an, und denke daran, dass Deine Mutter auch ein Mädchen gewesen ist.«

Der Satz lässt sich natürlich auf beide Geschlechter anwenden. Es gibt Situationen, da hilft es, wenn man sich bei einer Frau oder einem Mann ein Schild um den Hals vorstellt: »Vorsicht: zerbrechlich!« In Liebesratgebern habe ich den Spruch gelesen: »Flirten heißt: mit einem Falschen für den Richtigen üben«. In dieselbe Kategorie fällt die Formulierung »sich die Hörner abstoßen«. Ich muss dann an die Menschen denken, an deren Körpern und Seelen die Hörner abgewetzt wurden. Matthias Claudius bittet seinen Sohn sinngemäß: Lass erst mal stecken.
Den Brief unterzeichnete er mit den Worten »Dein treuer Vater«. Ein Treue-LOHA, wie ich selber gerne einer wäre.

# 15 Herzausgoldsucher

## Wählen

Tugenden funktionieren nicht im luftleeren Raum. Und Treue ist eine ziemlich frustrierende Angelegenheit, wenn es da nicht jemanden gibt, dem man gerne treu sein will.

Nach so jemandem habe ich selbst lange gesucht. Aufgeheizt, manchmal genervt, wurde ich durch die Werbeplakate eines großen Online-Partnervermittlungsangebots: »Jemand wartet auf dich.« Fast eine Million weiblicher Singles in Berlin, da müsste sie doch dabei sein. Und wenn nicht hier, dann im Rest von Deutschland, Europa, der Welt. Für meinen längsten Anfahrtsweg zu einem Date brauchte ich 16 Flugstunden. War aber nichts. Die Dame wartete offenbar nicht auf mich, sondern auf jemanden anderen.

Eine Zeitlang habe ich tatsächlich geglaubt, dass es das perfekte Match gibt und dass das perfekte Matching nur eine Frage der großen Zahl ist. Wer viele trifft, trifft irgendwann ins Schwarze. Oder eine Frage des richtigen Internet-Algorithmus. Wer die beste Suchmaschine hat, kriegt den besten Partner.

Dass es das »Match Made in Heaven« überhaupt gibt, bezweifelt der Journalist und Buchautor Harald Martenstein: »Die idealen Partner, das sind die, die sich im richtigen Moment davonmachen, bevor der Alltag des-illusionierend wird.«

Einmal habe ich einen anerkannten Neurologen gefragt, was die Hirnforschung über die die richtige Partnerwahl sagt.

Er empfahl, nach einem »nur« guten Partner zu suchen, nicht nach dem besten. Und er hatte noch einige weitere Ratschläge parat, die sich in psychologischen Studien bewährt hatten, unter der strengen Aufsicht von anderen wissenschaftlichen Koryphäen. »Eins sollten Sie aber wissen«, fügte er hinzu und machte eine Pause. »Ich kenne keinen Kollegen, der sich bei seiner Partnerwahl selbst je an solche Tipps gehalten hat.«

Mit dem Mythos, dass es ein natürliches Ideal-Match für jeden von uns gibt, hat vor ein paar Jahren die Zwillingsforschung aufgeräumt: Menschen mit einem nahezu identischen Erbgut und derselben Erziehung sind damit nicht automatisch auf einen bestimmten Typ festgelegt. Im Gegenteil: Die Menschen, in die sie sich verlieben, sind so verschieden wie die Partner von zwei Freunden, die aus einem ähnlichen Milieu kommen, aber sonst sehr unterschiedlich sind. Gutes Timing ist bei der Partnerwahl wichtiger als perfektes Matching.

Jeder Mensch verliebt sich anders und in andere Menschen. Wir verlieben uns, wenn ein Gegenüber unser ganz persönliches Liebesprogramm aktiviert. Das passiert, wenn sein oder ihr Typ eine hohe Schnittmenge mit unseren unterbewusst gespeicherten Erwartungen und Sehnsüchten aufweist (und die sind auch bei Zwillingen sehr unterschiedlich). Dann wird dieser Mensch von dem unsichtbaren Rausschmeißer, der im Hirn die Einlasskontrolle vor unseren Gefühlen macht, durchgelassen, und die Party kann beginnen. Dann werden unsere Hände feucht, unsere Kehle trocken, unser Puls schneller. Dann werden wir scharf und die Außenwelt unscharf. Dann wird es ernst und manchmal gefährlich.

Denn beim Verlieben schlägt Bauch Hirn. Der erste und entscheidende Ich-Du-Abgleich dauert den Bruchteil einer Sekunde und orientiert sich an dem, was wir vor Augen haben. In der Liebe gilt aber: What you see is not what you get, sondern manchmal weniger und manchmal mehr.

Männer und Frauen sind auf unterschiedliche Art optisch fixiert. Männer bewerten Frauen nach ihrem Aussehen. Frauen bewerten Männer auch nach ihren Anzügen. Das ist das Ergebnis einer sozialpsychologischen Studie, dem »Fast Food Test«. Der verlief so: Die männlichen und weiblichen Testpersonen mussten die Attraktivität von einer Person des jeweils anderen Geschlechts beurteilen. Diese gab es in je zwei verschiedenen Varianten: Einmal waren sie bekleidet mit einem Anzug bzw. Kostüm, einmal mit der Dienstgarderobe von Fast-Food-Kellnern. Das Ergebnis: Den Männern war egal, was die Frauen anhatten, sie bewerteten deren Attraktivität ausschließlich nach den Gesichtszügen und dem Körperbau. Die Frauen waren nicht so leicht zu beeindrucken. Sie gaben den vermeintlichen Billiglohn-Jobbern keine Chance, dafür den Männern im Manager-Outfit den gehobenen Daumen. Von wegen, Frauen sind weniger oberflächlich …

Schönheit, ob angeboren oder gekauft, ist ein Empfehlungsschreiben. Im Fall von naturschönen Frauen verweist sie auf Gebärfähigkeit, im Fall von Männern in Maßanzügen auf finanzielle Liquidität. Gut im Bett oder gut bei Kasse, das sagt jedoch nicht viel aus über

Beziehungsfähigkeit. Im Gegenteil: »Eine schöne Frau ohne Selbstdisziplin ist wie eine Sau mit einem goldenen Ring durch die Nase«, mahnt der weise König Salomo im biblischen »Buch der Sprüche«. Er kannte sich aus, er soll über 1000 Frauen gehabt haben.

Das Perfide an der Natur ist, dass sie uns regelmäßig auf falsche Fährten lockt. Traummänner wie Clint Eastwood oder George Clooney betören Frauen nicht, weil Frauen grundsätzlich auf stahlblaue Augen, kantige Kinnläden, breite Schultern, sonore Stimmen und eine aufrechte Körperhaltung stehen, sondern weil diese körperlichen Vorzüge dem Unterbewussten vorgaukeln: Der Kerl hat Beschützer- und Versorgerqualität. Im wirklichen Leben ist es mit Clint Eastwood oder George Clooney wie mit den Cowboys und Killern, die sie auf der Leinwand darstellen: Wenn die Sonne untergeht, reiten sie weg. Wo die Natur Held, Familienvater und Versorger draufgeschrieben hat, ist oft nur Macho drin.

»Ein Ding, das in sich keinen Wert hat, das nur kurz währet, das im Hause nicht sonderlich nützt und nicht eigentlich Liebe macht«, nannte der Dichter Matthias Claudius die Schönheit. Sie hat eindeutig zu schmale Schultern, um eine Beziehung dauerhaft zu tragen. Das sage ich mir immer wieder, wenn ich einer hochattraktiven Grazie gegenübersitze, die sich ins Haar fasst, ihren Rock mit sanften Bewegungen glatt streicht, den Kopf zur Seite legt und mich mit halbgeschlossenen Augen anguckt. Aber mein Caveman-Brain bringt meinen Körper trotzdem in Wallung.

Unsere Vorfahren schlugen sich mit demselben Problem herum. In Molières Komödie »Der Menschenfeind« stößt Alceste, ein fanatischer Weltverbesserer, an seine hormonellen Grenzen, als er sich in das flatterhafte Partygirl Célimène verliebt. Sein Freund Philinte schlägt ihm vor, sich lieber an die tugendhafte Eliante zu halten:

*Philinte: Sie ist so treu, so ehrlich und schätzt Sie ungemein. Sie scheint mir just für Sie die bessere zu sein.*
*Alceste: Das stimmt, und die Vernunft sagt mir das Tag für Tag. Doch sieht das Herz nicht ein, was die Vernunft gern mag.*
*Philinte: Ach, wäre nur das Herz in keinem Wahn befangen!*

Attraktive Menschen ziehen uns in ihren Bann. Aus der Konsumforschung wissen wir: Je länger Menschen sich ein Objekt ansehen, desto mehr begehren sie es. Je stärker sie etwas wollen, desto mehr rationale Gründe finden sie dafür, dass das Objekt unbedingt begehrenswert ist.

»Scheißkerle. Warum es immer die Falschen sind?« heißt ein aktuelles Schwarzbuch bindungsunfähiger Männer. Die Frauen werden vom Autor Roman Maria Koidl, einem Singlemann, beschworen, ihre Beuteschemata zu korrigieren und nicht mehr hineinzufallen auf Blender wie den »Weiße-Schleier-Hasser«, den »Meine-Ehe-ist-die-Hölle-Schwätzer«, den »Teilzeit-Don Juan«, den »Komme-gerade-aus-einer-Beziehung-Typen«, den »Nicht-Bereit-Experten«, den »Parallelleben-Inhaber«, den »Puff-Profi«, und sowieso nicht auf Lügner, Betrüger, Sadisten und Freaks.

Das »Dunkle Dreieck« bezeichnen Psychologen eine Charakter-Konstellation, bei der sich Narzissmus, Machiavellismus und Psychopathie miteinander verbinden, die aber bei Erstbesichtigung oft wie ein »Goldenes Dreieck« anmutet.

Frauen und Männer, die schon ein paar Voll-daneben-Treffer gelandet haben, sagen irgendwann: »Ich bin zu alt für den Scheiß.« Bei einer Umfrage nach der wichtigsten Lektion, die Menschen gelernt haben, sagte eine 35-jährige Frau den nobelpreisverdächtigen Satz: »Wenn ich heutzutage einen Verrückten sehe, dann wechsle ich die Straßenseite.«

Im Moment ist die Vernunftehe schwer angesagt, zumindest im theoretischen Diskurs. Das wundert mich nicht. Wenn Menschen heute heiraten, sind sie meistens über 30 und vertrauen nicht mehr ganz so blind und naiv ihren Gefühlen. Sie haben gelernt: Romantik beruht auf Differenz, eine gute Partnerschaft aber auf Kongruenz. Wir fühlen uns vom anderen angezogen, bleiben langfristig aber lieber beim Ähnlichen. Es kommt vor allem auf Kompatibilität und Kooperationsfähigkeit an.

Michel de Montaigne spricht von einer »Übereinstimmung zweier Willen« als Grundlage tiefer Freundschaft. »Das Herz muss ein verwandtes, vertrautes Herz haben, so ein Waldplätzchen, wo sich's ruhen und liegen und plaudern lässt«, sinniert Fritz Kocher, der melancholische Romanheld von Robert Walser.

Was ein solches Herz auszeichnet, darüber gibt es so viele Meinungen wie Menschen. Meine Friseurin erzählt mir, dass sie sich mit zwei Ausschlusskriterien auf die Partnersuche gemacht hat: Er durfte nicht so klein sein, dass sie in High Heels nicht zu ihm aufsehen kann, und er durfte keinen Hip-Hop mögen.

Ganz so abwegig ist das nicht. Tatsächlich kann man vom Musikstil auf die Mentalität einer Person schließen. Wer gerne sanften Jazz oder ruhigen Soul hört, der offenbart damit eine warmherzige Grunddisposition. Vielleicht sollten sich Menschen, die sich über eine Internet-Kontaktbörse gefunden haben, nicht zuerst ihre Fotos zuschicken, sondern eine Mix-CD mit ihren liebsten Songs.

Ich hätte noch ein paar andere »Go's« und »No Go's« für die Partnerwahl: gemeinsame Glaubensbasis und Wertevorstellung zum Beispiel. Auch deshalb, weil Paarpsychologen die Übereinstimmung in diesen Bereichen für ziemlich fundamental halten.

Aber selbst wenn der Partner die richtige Religion hat und nicht die falsche Musik hört, weiß man noch nicht, wie es mit seinem Verhältnis zur Treue aussieht. Dass sie Treue gut finden, behaupten schließlich alle. Dass sie in einer Beziehung immer treu sind, versichern auch die meisten. Wenn die Seitensprung-Statistiken stimmen, dann lügen viele von ihnen.

Wie ermittle ich das Treue-Potential eines möglichen Partners?

Unter Umständen kann man aus der beruflichen Tätigkeit einer Person ihr künftiges Verhalten ableiten. Laut einer Studie in Großbritannien haben Bauarbeiter den größten Hang zur Untreue, gefolgt von Bankern.

Eine amerikanische Untersuchung wiederum mahnt berufstätige Frauen zur Wachsamkeit, deren Männer weniger oder gar nichts verdienen. Die würden überdurchschnittlich häufig fremdgehen, um ihren Selbstwert aufzubessern.

»Freundschaft kann es nur unter sittlich guten Menschen geben«, behauptet Cicero in seiner Abhandlung »Über die Freundschaft«. »Sittlich gut« sind aus seiner Sicht nur diejenigen, die »das, was die Liebe in ihnen auslöst, bereits in ihrem Inneren haben«, nämlich einen »aufrichtigen, umgänglichen und mitfühlenden« Charakter. Cicero empfiehlt, sich als Freund oder Partner einen Menschen zu wählen, der so tugendhaft ist, wie man selbst gerne wäre: »Wer sein Auge auf einen Freund gerichtet hält, schaut gleichsam auf ein Vorbild seiner selbst.«

Zu einem ähnlichen Schluss kommt der Philosoph Ortega y Gasset: »In der Wahl der Geliebten enthüllt der Mann, in der Wahl des Geliebten die Frau ihren wesentlichen Seelengrund. Der Menschentypus, den wir in dem anderen Wesen bevorzugen, kennzeichnet die Beschaffenheit unseres eigenen Herzens.«

Es bleibt das Problem, dass es für Treue kein Diplom und kein eindeutiges Erkennungsmerkmal gibt. Aber es gibt dafür, ob jemand treu ist oder nicht, Anhaltspunkte.

Wenn unser eigener Charakter das Produkt aus Prägung, Umgebung und Anstrengung ist, dann empfiehlt es sich, unsere potentiellen Partner in genau diesen drei Kategorien zu durchleuchten und zu fragen: Woher kommt jemand? Wo befindet sich jemand? Wohin geht jemand? Welchen Vektor beschreibt das bisherige Leben eines Menschen? Was ist die Richtung seiner Existenz? Und: Bin ich in dieselbe Richtung unterwegs?

Zur Prägung eines Menschen gehört:

- die Mentalität: Die Evolutionsbiologin und Liebesforscherin Helen Fisher rät, bei ausgeprägten »Forschertypen« vorsichtig zu sein, Menschen also, die eine allzu große Vorliebe für Abwechslung, auch beim anderen Geschlecht, haben.
- die Kindheit und Jugend: Wer in chaotischen Fami-

lienverhältnissen aufgewachsen oder traumatisiert ist von mehr oder weniger schmutzigen Scheidungen der Eltern, wird nicht so leicht vertrauen bzw. treu sein können.

- das Beziehungsvorleben: Wer in der Vergangenheit viele Affären hatte, womöglich noch parallel, wird gute Gründe dafür anführen müssen, dass er ab jetzt konstant monogam leben will.

Ein verhunzter Liebeslebenslauf macht einen Menschen natürlich nicht automatisch zum hoffnungslosen Fall. Menschen sind resozialisierbar. Wenn sie ihr soziales Umfeld ändern.

Kerle, die immer noch mit Schürzenjägern und Beziehungszynikern um die Häuser ziehen, zeigen allerdings, dass sie bei allen Beteuerungen die Alten geblieben sind. Da würde ich empfehlen: Ignorieren geht über genauer studieren.

Das hätte sich auch Fausts Gretchen sagen sollen. Sie erkennt immerhin, dass Faust schlechten Umgang pflegt.

> *Es tut mir lang schon weh,*
> *dass ich dich in der Gesellschaft seh.*

Über Mephisto sagt sie:

> *Es steht ihm an der Stirn geschrieben,*
> *dass er nicht mag eine Seele lieben.*

Dafür, dass sie nicht ihrer instinktiven Menschenkenntnis vertraut, büßt Gretchen erst mit ihrer Unschuld, dann ihrem Leben. Allerdings kann man ihr kaum einen Vorwurf machen. Sie war noch nicht einmal volljährig. Ihr Pech, dass der erste Scheißkerl, dem sie begegnete, auch ihr letzter war.

»Der einzige Beweis für und gegen einen Menschen«, hat Robert Musil geschrieben, »ist, ob man in seiner Nähe steigt oder sinkt.« Es dauert allerdings mitunter etwas, ehe man den Höhenunterschied feststellt.

Einen Vorschlag, wie man sicherer gehen kann, hätte ich noch. Der Tipp klingt, als käme er aus Omas Nähkästchen, tatsächlich kommt er aus einem weiteren wissenschaftlichen Beziehungsratgeber. Im Zweifel sollte man Menschen fragen, die einen kennen, es gut mit einem meinen und deren Hirne nicht von Hormonen und Pheromonen umnebelt sind: Freunde und Familienangehörige.

Vorausgesetzt, die sind selber treu.

# 16 Games over

## Versprechen

Am Anfang der Treue ist das Wort. Es werde ...
Liebe. Treue beginnt mit dem Versprechen an eine
Person. Treue funktioniert nicht nach dem Gießkan-
nenprinzip. Wer allen treu ist, ist keinem treu. Wer ja
sagt, muss auch nein sagen zu anderen Partnern, aber
vorher eben ja.

»Ja, ich weiß«, sagen Söhne und Töchter zu ihren Eltern, die schon wieder nerven mit der Frage: »Wann
willst du eigentlich heiraten?«

Wir wissen oft nicht, was oder wen wir wollen. Und
wenn doch, dann zaudern wir trotzdem. Wir fürchten
den Ring, der ewig oder zumindest elend lange knech-
tet. Wir scheuen die großen Worte und den Stress der
großen Feier. Wir wollen alles easy, alles ohne schwere
Entscheidung. Druck haben wir genug anderswo.

Ich rede vor allem von uns Männern.

Vielleicht hatten unsere Vorfahren deshalb keine Probleme mit dem Festlegen, weil sie ohnehin schon auf
alles Mögliche festgelegt waren und sich deshalb über
die wenigen Gelegenheiten freuten, wenn sie selbst die
Entscheidung treffen durften.

Früher machten Freunde einen »Bund« miteinander und gaben sich Treueschwüre. Wie die berühmtesten Freunde der Bibel, der Königssohn Jonathan und der spätere König David. Der Chronist berichtet, dass sie einander liebhatten, »wie ihr eigenes Herz«.

Heute leisten wir lieber Liebesschwüre als Treueschwüre. In Freundschaften sind Teenager schnell bei Abkürzungen wie »ABF – allerbester Freund« und Mail-Abschiedsfloskeln wie »HDGDL – Hab dich ganz doll lieb« oder »xoxoxoxo« – das soll heißen: ganz viele Umarmungen und Küsse. Besonders verbindlich ist das alles nicht.

Ich habe noch keinem meiner Freunde lebenslange Treue geschworen. Sie hätten das vermutlich auch als unsittliches Angebot missverstanden. In Freundschaften will ich keinen Druck erzeugen und aushalten, sondern mir alle Optionen offenhalten, also auch Exit-Optionen.

Ich will »Ich will« sagen. Aber nur einmal. Und nur zu einer.

Ich bin ein notorischer Ehe-Fan. Vielleicht etwas zu sehr. Vielleicht bin ich deshalb solo unterwegs, weil ich dazu neige, dass ich alle Romanzen sofort bis zum Traualtar durchdenke.

Mit meiner Ehe-Euphorie kam ich mir vor einigen Wochen ziemlich allein vor. Allein unter Frauen. Sie sind in bindungsphobischen Zeiten die wahren Herren der Ringe. In Berlin fand ein Literaturfestival statt. Stargast war die amerikanische Erfolgsautorin Elizabeth Gilbert. Ihr Selbstentdeckungs-Bestseller »Eat. Pray. Love« hatte 7 Millionen Leserinnen gefunden, die Verfilmung mit Julia Roberts und Javier Bardem war gerade in den Kinos angelaufen, jetzt stellte sie im

»Kino Babylon« ihr neues Buch vor: »Das Ja-Wort«, im englischen Original: »Committed«.

Neben ihr auf dem Podium saß ein Mann: der Moderator.

In der zweiten Reihe ganz außen links saß ein Mann: ich.

Ansonsten war der Saal weitgehend männerfrei.

Aufrecht in ihren Kinosesseln hockten dagegen 200 Frauen, die meisten zwischen 30 und 40 Jahre. Bestes Alter, in diesen Zeiten aber auch bestes Torschlusspanikalter. Viele erhofften sich wohl Ratschläge, wie sie nach dem Essen, Beten und Lieben endlich auch unter die Haube bzw. den weißen Schleier kommen, über die Schlafzimmertürschwelle getragen werden, einen Brautstrauß werfen können? Aber Elizabeth Gilbert, Ende 30, geschieden und seit kurzem wiederverheiratet, hatte wenige praxistaugliche Hinweise parat. Sie war nämlich nicht aus Überzeugung aufs Standesamt gegangen, sondern aus Mangel als Alternativen. Ihrem Partner, einem Brasilianer, hätte ansonsten die Ausweisung aus den USA gedroht. Sie schien immer noch skeptisch, ob die Ehe die Haltbarkeit von Liebe verlängern könnte. Am Ausgang standen die Frauen Schlange für Autogramme und zogen dann mit handsignierten Ausgaben des Buchs ab, auf dessen Cover ein riesiger goldener Ring abgebildet ist.

Frauen lieben Komplimente. »Willst du mich heiraten?« ist das schönste. Männer sind sich noch nicht so sicher, ob sie die Frage, wenn sie von einer Frau kommt, als Kompliment oder Daumenschraube auffassen sollen. Immerhin findet jeder dritte Deutsche, dass auch Frauen einen Heiratsantrag machen können, ohne dabei einen Stilbruch zu begehen.

Fragen kostet nichts. Normalerweise. Im Fall von »Willst du mich heiraten« schon. Das, was vielen am wertvollsten ist, die eigene Freiheit.

Es ist heutzutage schon ein großer Schritt, wenn sich jemand entschließt, seinen Facebook-Status zu ändern. Von »Single« zu »In einer Beziehung«. Eine Freundin von mir hat sich damit einen Aprilscherz erlaubt. Sie dokumentierte ihr Pseudo-Beziehungsglück sogar mit Fotos. Aus den Kommentaren einiger Männer war abzulesen, wie schockiert die waren. »Du hast viele Herzen gebrochen«, schrieb einer, als sie den Witz aufgelöst hatte. Wer seinen Facebook-Status ändert, nimmt sich vorübergehend vom Markt. Wer heiratet, nimmt sich für immer vom Markt.

Der Schritt will deshalb gut überlegt sein. Manche scheuen ihn, weil sie sich in den Zauber von Anfängen verliebt haben und die Mühen der Ebenen scheuen. Für Stendhal lag »das größte Glück, das die Liebe zu geben vermag, im ersten Händedruck der geliebten Frau«. Etwas poetischer formulierte es Stefan Zweig in einem Gedicht:

»Ich liebe jene ersten bangen Zärtlichkeiten
Die halb noch Frage sind und halb schon Anvertrauen
Weil hinter ihnen schon die wilden Stunden schreiten
Die sich wie Pfeiler wuchtend in das Leben baun.«

Ehe kommt aus dem Altgermanischen und bedeutet sowohl lange Dauer bzw. Ewigkeit als auch Recht. Die Ehe ist also eine auf lange Dauer ausgerichtete rechtliche Ordnung. Dauer? Recht? Ordnung? Wörter, die auf junge Menschen wie ein Anti-Aphrodisiakum wirken.

In der jungen Generation wächst die Zahl der Ehe-Skeptiker. Hält noch jeder zweite Rentner die Ehe für »sehr wichtig«, ist es bei den unter 25-Jährigen nur jeder siebte. Insgesamt findet jeder dritte Deutsche, die Institution der Ehe sei veraltet.

Gründe dafür, dass die Ehe etwas aus der Mode gekommen ist, gibt es viele:

- Das Erbe der 68er, die ihren anti-institutionellen Impetus in die Medien, die Universitäten und Behörden getragen haben.
- Die Säkularisierung, die der Ehe den Nimbus als einen gottgegebenen Rahmen für die Liebe genommen hat.
- Der spätpubertär-pseudoromantische Zeitgeist. Wo Liebe einseitig als warmer Gefühlsregen missverstanden wird, wirkt die Eheschließung wie eine kalte Verwaltungsdusche. In seinem Buch »Die Liebe als Passion« kam der einflussreiche Soziologe Niklas Luhmann zu dem Schluss: »Nichts wäre abwegiger, als bei Liebe an Ehe zu denken.« Im »noch nicht« existierte für ihn die leidenschaftliche Liebe, die aber aufhörte, sobald der Eheknoten geschlossen wurde.
- Die faktische Krise der Ehe, ausgelöst durch die hohe Zahl an Scheidungen. Immer mehr Kinder erfahren die Ehen ihrer Eltern als konfliktreich und provisorisch und ziehen den falschen Schluss, dass man sich gegen den Trennungsschmerz am besten dadurch wappnet, dass man gar nicht heiratet.

Paare, die ohne Trauschein zusammenleben, machen das nicht unbedingt, um sich weitere Partnerschaftsoptionen offenzulassen. »Wir brauchen kein Stück Papier«, sagen sie. Oder: »Unsere Liebe braucht kein Versprechen.« Oder: »Wir glauben an die Treue, aber nicht an die Institution.« Oder: »Wir sind quasi verheiratet.«

Am charmantesten hat diesen Quasi-Ehe-Ansatz 1994 die Komödie »Vier Hochzeiten und ein Todesfall« vertreten. Ein britischer Beziehungschaot, gespielt von Hugh Grant, verliebt sich in eine Amerikanerin, dargestellt von Andie MacDowell, die im Verlauf des Films erst einen anderen Mann heiratet, sich scheiden lässt und schließlich von Hugh Grant einen verschwurbelten Nicht-Heiratsantrag bekommt.

*Charles: Wenn wir noch viel mehr Zeit miteinander verbracht haben, könntest du dir vorstellen, darin einzuwilligen, mich nicht zu heiraten? Und glaubst du, nicht mit mir verheiratet zu sein ist etwas, von dem du dir vorstellen könntest, dass du es für den Rest deines Lebens machst? Willst du das?*
*Carrie: Ja, ich will.*

Allerdings: die klassische Ehe ist immer noch deutlich mehrheitsfähig. Zwei Drittel halten sie für trendy und wichtig. Sie haben nicht nur die Mehrheit auf ihrer Seite, sondern auch die besseren Argumente. Warum?

- Weil eine nicht-eheliche Lebensgemeinschaft ein viermal so hohes Trennungsrisiko mit sich bringt wie eine eheliche.
- Weil das öffentliche Bekenntnis und die juristisch

fixierte Selbsteinschränkung gerade der Reiz der Eheschließung ist. Ein »Lass-Uns-Nur-Einfach-So-Zusammenleben«-Antrag ist im Kino ein paar Lacher wert, im wirklichen Leben aber wenig bis nichts.

- Weil die Bindungs-Wünsche und -Ängste in nicht-ehelichen Beziehungen meistens nicht symmetrisch sind. Meistens wünscht sich zumindest einer der Partner irgendwann einen Heiratsantrag, meistens sind es die Frauen. Eine Frau, die seit vielen Jahren in »wilder Ehe« lebt, hat mir verraten, dass sie sich bei gemeinsamen Strandspaziergängen insgeheim wünscht, im Sand einen Verlobungsring zu finden, den ihr Partner vorher für sie als Überraschung vergraben hat.

- Weil allzu langes romantisches Vorglühen dazu führen kann, dass man die Ehe, wenn man sich nach vielen Jahren schließlich doch dazu entschließt, von vornherein als Kater erlebt.

- Weil Hochzeiten neue Verbindungen schaffen zwischen zwei bisher fremden Familien.

- Weil wir unsere Freiheit nie bewusster erleben, als wenn wir uns entscheiden. Und nirgends tritt die Erotik des Entscheiden-Könnens so deutlich zutage wie bei einer Eheschließung. »Erst wenn es bei einer Handlung um das Wesentliche, sprich: Lebenssinn, Treue, geht«, schrieb der Philosoph Karl Jaspers, »verwirklicht sich mögliche Existenz – dies ist im eigentlichen Sinn Freiheit.«

- Weil wir, zumindest wenn wir kirchlich heiraten, Gott als Treueverstärker in die Beziehung holen. »Gott fügt euch in der Ehe zusammen, das tut ihr nicht, sondern das tut Gott«, schrieb Dietrich Bonhoeffer 1943 aus seiner Gefängniszelle an ein Brautpaar. Menschen, die mit dieser Einstellung in eine Ehe eintreten, sehen sich nicht als Teil eines geschlossenen Systems, in dem Input äquivalent mit Output ist, Glück und Schmerz aufgerechnet werden kann, äußere Einflüsse und eigene Anstrengungen allein entscheiden. Es gibt Hilfe von außen. Es gibt Wunder. Es gibt das Comeback von Liebe und Treue.

Dass Ehen länger halten als nichteheliche Partnerschaften hat nicht nur rechtliche, sondern auch verhaltenspsychologische Gründe. Was viel kostet, ist uns auch viel wert. Je mehr wir investieren, desto größer die Angst vor der Pleite.
Den Verlust der Investition durch eine Scheidung kann man prophylaktisch minimieren: durch einen Ehevertrag.
Ich weiß jetzt schon, dass ich keinen will. Erstens, weil ich nicht so viel zu verlieren habe wie ein Hollywoodstar oder Top-Manager. Zweitens, weil ich einen Plan B bewusst ausschließe. Ich will dann die Brücken zurück ins Singleleben verbrennen und die Tür zu einer anderen Beziehung verrammeln. Ich will mir die Könnte-Sollte-Würde-Möchte-Grübeleien ersparen. Nicht, weil ich ein Romantiker bin, sondern weil ich ein Realist bin, der viele Bücher über Glückspsychologie gelesen hat. Die Autoren dieser Ratgeber sind sich nämlich weitgehend einig: Wer wichtige Entscheidungen final und irreversibel macht, sorgt für das eigene Wohlbefinden. Die Hochzeit ist nicht nur der Kick-off der Ehe. Sie ist gleichzeitig der Point Of No Return. Zumindest für 3L-Befürworter.

Das muss anständig gefeiert werden. Die Liebe verdient das schönste Fest.

Schon alleine deshalb wird auch in Zukunft weiter geheiratet werden. Wir leben schließlich in einer Partygesellschaft, und die Hochzeit ist die mit Abstand größte. Ganze Wirtschaftszweige hängen von ihr ab. Das habe ich gemerkt, als ich meine erste Hochzeitsmesse besucht habe. Der alte Berliner Postbahnhof war nicht wiederzuerkennen. Drei fußballplatzgroße Stockwerke, auf denen das volle Partyprogramm zum Kauf oder zur Miete angeboten wurde: Ringe, Brautkleider, Pferdekutschen, Feuerwerke, Tanzcombos, Traumhochzeitschlösser. Die weiblichen Messebesucher gingen meistens vorbei, die Männer schlurften hinterher, so langsam, als ob sie wussten, dass es ein langer Tag werden würde und sie ihre Kräfte würden einteilen müssen. Ohne Hochzeiten, habe ich gedacht, würde unser Bruttoinlandsprodukt um ein paar Stellen hinter dem Komma nach unten gehen.

Viele romantische Hollywood-Komödien enden vor dem Traualtar, und dort spielen mittlerweile auch einige angesagte Internet-Videos. 2009 sorgte das Hochzeitsvideo von »Jill und Kevin« für Online-Furore – und demonstrierte die durchaus auch gemeinschaftsfördernde Wirkung des World Wide Webs. Früher redeten alle Deutschen über dieselben ARD- und ZDF-Abendserien, heute redet die ganze Welt (zumindest der jüngere Teil der Weltbevölkerung) über dieselben viralen Videoclips. – Zurück zu Jill und Kevin: Ich habe ihr Filmchen damals selbst auf meine Facebook-Seite gestellt und selten so viele Kommentare von Freunden bekommen. Insgesamt 50 Millionen Klicks erzielte der Fünf-Minuten-Tanz, den das Pärchen beim Einmarsch in die Kirche aufgeführt hatte zu dem Soulsong »Forever« (Ironie am Rande: Der Interpret Chris Brown hatte kurz zuvor seine damalige Freundin Rihanna in einem Eifersuchtsanfall krankenhausreif geprügelt). Ein Tanz wie ein Juchzer und ein Video, das klarmachte, warum das Wort »Festlegen« mit »Fest« anfängt. Vielleicht habe ich zu viel Östrogen, aber manchmal träume auch ich, ganz männeruntypisch, von meiner eigenen Märchenhochzeit. In die Kirche tanzen würde ich allerdings nur, wenn das Video nachher nicht im Internet landet.

# 17      Die 3L-Strategie

## Lieben

> Und du machst das Licht aus
> Und du bringst mir keine Blumen mehr.
> Wie selbstverständlich
> Haben wir damals über »Für immer« geredet.
> Aber damals zählt nicht mehr.
> Damals liegt auf dem Boden
> Bis wir es wegfegen.
> *(Neil Diamond, You Don't Bring Me Flowers)*

3L: Lebenslängliche Liebe. Ist das überhaupt zu schaffen? Und welche Voraussetzungen muss ein Paar erfüllen, um treuefähig zu sein?

»Die Ehe ist nichts für Kinder.« Das war die Antwort der zur Ehe-Befürworterin konvertierten Elizabeth Gilbert auf die Frage nach ihrem Erfolgsrezept für eine dauerhafte Langfristbeziehung. Wenn es nach Mrs. Gilbert ginge, sollte überhaupt niemand vor dem 30. Lebensjahr heiraten.

Ein Jugendpsychologe, den ich in den USA interviewte, kam zu der entgegengesetzten Einschätzung. Gerade weil die Gehirne junger Menschen eine höhere Plastizität aufweisen, also leichter formbar sind, können sich Jung-Verheiratete besser aufeinander einstellen. Vorausgesetzt, diese jungen Menschen haben bereits so etwas wie eine stabile Identität und sind nicht noch auf der Suche danach. Das richtige Heiratsalter ist also eine Frage der Reife, nicht der Zahl.

Das beruhigt mich. Ich komme mir manchmal vor, als wäre ich eben erst erwachsen geworden. Das heißt: Ich beginne die Welt zu sehen, nicht, wie ich sie mir wünsche, sondern wie sie ist.

Anders ist es mit den jungen Aristokraten Tankredi und Angelika. Sie sind zwei Protagonisten in dem Roman »Der Leopard« von Tomasi di Lampedusa. Sie bereiten sich auf ihre Hochzeit vor, ein rauschendes Fest, bei dem es weder an Geld noch an guten Absichten fehlt. In der berühmten Filmversion von Luchino Visconti dauert die Hochzeitssequenz eine Stunde lang. Die Brautleute, hinreißend gespielt von Claudia Cardinale und Alain Delon, starren sich die ganze Zeit verliebt an. Doch der Romanautor vergiftet die romantisch aufgeladene Atmosphäre, indem er Wasser in den Hochzeitswein kippt: »Sie strebten auf eine Zukunft hin, die sie greifbar wähnten, während sich später herausstellte, dass sie nur aus Rauch und Wind gebildet war.«

Die Liebe ist am Anfang immer Projektion, die den Zusammenprall mit der Realität zuweilen nicht überlebt. Wie in Erich Kästners Gedicht »Sachliche Romanze«:

> »Als sie einander acht Jahre kannten
> (und man darf sagen: sie kannten sich gut)
> Kam ihre Liebe plötzlich abhanden
> Wie anderen Leuten ein Stock oder Hut.«

Ist die Liebe, wie das Glück, »nur ein vorübergehender Schwächezustand« (Tankred Dorst)? Kommt in jeder Ehe irgendwann das böse Erwachen?

»Nirgends sonst«, schreibt der *SPIEGEL*-Reporter

Reinhard Mohr, »vollzieht sich der Umschlag von Glück in Unglück, von himmlisch schwebenden Erlösungsträumen in den schwarzen Abgrund des Nichts so tief und radikal wie in der engsten Verbundenheit von Mensch zu Mensch.«

Ein Freund, der auf ein ziemlich spannendes Junggesellenleben zurückblicken kann, hat neulich den Eheknoten geknüpft. Zur Vorbereitung verordnete ihm die Männerclique, der er angehörte, einen Crashkurs im Frauenverstehen. Er bekam die folgende Aufgabe gestellt: Er sollte in einem Städtchen im deutsch-polnischen Grenzgebiet 50 Frauen interviewen und sie erstens danach fragen, ob sie in einer festen Beziehung leben, und zweitens, was sie darin glücklich macht. Von dem Ergebnis seiner Umfrage berichtete er mir später einigermaßen konsterniert: Kaum eine der Frauen, die er befragt hatte, lebte in einer stabilen Beziehung. Und alle hatten denselben Wunsch: ein harmonisches Familienheim. Keine der Frauen war mit ihrer derzeitigen Situation zufrieden. Die Verheirateten am wenigsten.

90 Prozent aller verheirateten Frauen denken angeblich irgendwann konkret über eine Scheidung nach.

Bei einer Show von »Fil«, einem Berliner Comedian, hat der folgende Gag die meisten Lacher ausgelöst. Der Saal war gefüllt mit lauter Pärchen. Das fiel auch Fil auf: »Ihr Verliebten«, ätzte er, »ihr glaubt offenbar immer noch, dass es klappt.« Die Pärchen kicherten. Fil machte weiter: »Ich habe aber tatsächlich einen Tipp, wie es hundertprozentig funktioniert mit einer Beziehung …« Die Pärchen beugten sich gespannt nach vorne. »Man …

… muss nur auf das Glück verzichten.«

Sonst noch was?

Ich höre aber auch ganz andere Lageberichte von der Ehe-Front, positive. Von den vielen langjährig Verheirateten, mit denen ich in den letzten Monaten gesprochen habe, versicherten mir viele glaubhaft:

»Die Liebe wird immer zärtlicher.«

»Ich liebe meinen Partner viel mehr als damals, als wir geheiratet haben.«

Verliebte Paare, im Teenager- und im Seniorenalter, sehe ich jeden Tag, wenn ich aus dem Fenster gucke. Vor meinem Apartment verläuft der ehemalige Mauerstreifen, der inzwischen zu einem Spazierweg umgebaut worden ist. Inzwischen hat er sich zu einer regelrechten Lover's Lane gewandelt. Da, wo früher Selbstschussanlagen montiert waren, wird jetzt Händchen gehalten und auch schon mal wild geknutscht.

Warum klappt es bei den einen und bei den anderen nicht? Wie schafft man das: die Liebe dauerhaft und damit die Treue leicht zu machen? Wie schützt man sie vor Abnutzung und Zerstörung, wie sichert man sich selbst ab gegen die Launen der Leidenschaft?

Zum Thema Ehe-Enhancement kann ich als Single nur aus zweiter Hand berichten. Ich habe jede Menge Bücher über das Thema gewälzt. Angefangen habe ich mit dem Standardwerk von Erich Fromm: »Die Kunst zu lieben«. Der Psychologe schreibt: »Die Liebe ist in erster Linie ein Geben und nicht ein Empfangen. Liebe ist eine Aktivität und kein passiver Affekt.« Dieser Ansatz klingt überzeugend und hat den Vorteil, dass man selbst hinter dem Steuer sitzt und aufs Gas drückt und sich nicht abhängig macht von den Zuwendungen des Partners. Ich hatte mir das Buch als gebrauchte Ausgabe im Internet bestellt. Auf der ersten Seite stand eine

Widmung in Frauenhandschrift: »Lieber Micki, vielen Dank für alles, was du mir in der kurzen Zeit, die wir uns erst kennen, gegeben hast.« Ich hatte für das Buch im Internet 0.01 Euro zuzüglich Portokosten bezahlt. Dem Besitzer war es irgendwann offenbar nicht mehr wert gewesen als einen Cent. Einer der Partner oder beide waren irgendwann mit ihren Kunstfertigkeiten ans Ende gekommen, trotz der klugen Ratschläge in dem Buch. Erich Fromm brauchte übrigens auch drei Ehe-Anläufe, bevor er zur treuen Liebe fand. Und wer ihm begegnete, empfand ihn oft gar nicht als liebenswürdig, sondern als arrogant und aufbrausend.

Eine Schlüsselerkenntnis aus Erich Fromms Bestseller, die ich mir besonders gemerkt habe: Liebe ist eine Sache der Konzentration. Am Ende gelten die gleichen Gesetzmäßigkeiten wie im Big Business. Oben in den Geldranglisten von Forbes und Capital stehen die Macher, die erst ein lukratives Produkt entdeckt haben – und dann mit voller Konzentration dranbleiben. Anders formuliert:

Liebe ist erstens: Da sein.

Liebe ist zweitens: Für den anderen da sein.

Liebe ist drittens: Immer für den anderen da sein.

Fast 2000 Jahre vor Erich Fromm formulierte der Apostel Paulus im Brief an die christliche Gemeinde in Korinth einen Katalog von Liebeseigenschaften, der bis heute nichts von seiner Gültigkeit verloren hat. »Die Liebe ist geduldig und freundlich. Sie kennt keine Eifersucht. Sie stellt sich nicht zur Schau. Sie verletzt nicht. Sie greift nicht an. Sie sucht keinen Gewinn. Sie wird nicht bitter durch bittere Erfahrung. Sie rechnet das Böse nicht zu. Und sie ist glücklich über die Wahrheit.«

Diese liebevolle Treue ist nicht stoisch und stagnierend, sondern dynamisch und kreativ. Der Philosoph Gabriel Marcel spricht von »schöpferischer Treue«.
Sie zeigt sich vor allem in drei Bereichen:

## Erstens: Geben

Großzügigkeit ist das Kryptonit jeder Beziehung. Wer in Vorleistung geht, baut Vertrauenskapital auf. Diese Großzügigkeit orientiert sich nicht an der Gegenleistung, die man erwartet, sondern an der Freude, die man dem Partner bereitet.
Unsere Kapazitäten, uns selbst zu beglücken, sind ziemlich limitiert. Unsere Kompetenz, einen anderen Menschen glücklich zu machen, vor allem den, der uns liebt, ist riesig. »Geben ist seliger denn Nehmen«, hat Jesus gesagt – und hat damit nicht nur gemeint, dass man im Jenseits die irdischen Nettigkeiten zurückgezahlt bekommt. Wer gibt, kriegt schon in diesem Leben viel mehr zurück als der, der rafft und hortet und klammert. Wir Menschen sind mit einem Gerechtigkeitssinn ausgestattet. Wo nichts kommt bzw. nichts zurückkommt, ziehen wir uns zurück. Wer alles für sich behält, bleibt einsam. Wer gibt, hat Freunde.
Dabei ist die Größe der guten Taten nicht so wichtig wie deren Häufigkeit. Ich denke an die banalen Alltagsjobs: Spülmaschine ausräumen, Sprudelkisten hochtragen. Laut einer Allensbach-Umfrage unter Verheirateten beklagen sich Frauen am häufigsten darüber, dass Männer im Haushalt nicht mithelfen. Nicht zu überschätzen ist auch die Bedeutung kleiner Zärtlichkeitsbekundungen. Blumen schenken oder einfach nur das

eigene Ohr. Jeden Morgen »Ich liebe dich« sagen. Küssen. Komplimente machen. Freiräume gewähren. Für den Philosophen Terry Eagleton behauptet Liebe, »den Raum zu schaffen, in dem der andere aufblühen kann, während er denselben Raum für dich schafft«.

Das XXL-Versprechen, das Liebende sich geben können, ist: »Ich bin bereit, für dich zu sterben.« Die Bereitschaft, diese maximale Zusage zu machen, beschränkt sich auf die allerkostbarsten Beziehungen. »Füreinander zu sterben sind alleine die Liebenden bereit«, schrieb Platon und machte das für die griechische Antike bemerkenswerte Zugeständnis, »nicht nur Männer, sondern selbst Frauen.« Mir fallen im Moment wenige Konstellationen ein, in der sich ein Partner für den anderen buchstäblich aufopfert. Oder doch? Ich kenne einen erfolgreichen Manager, der mit seiner attraktiven, großgewachsenen Frau nach Indien fuhr. Die Frau kam im Rollstuhl zurück, weil sie an einer Tempelanlage ausgeglitten und so unglücklich gefallen war, dass sie nie wieder gehen wird. Der Mann pflegt sie seither mit aufopfernder Liebe. Das ist auch ein Stück Sterben. Andere würden sagen: Ich lebe nur einmal. Das kann's nicht gewesen sein. Die kann es nicht gewesen sein.

Man kann das eigene Leben auch verschenken, ohne zu sterben. Wer liebt, will schenken, und zwar sich selbst. Keine treue Liebe ohne die Bereitschaft zur Hingabe. Nur wenige Menschen sind dazu bereit oder in der Lage. Das machte mir eine vierteilige Serie der *BILD*-Zeitung unter der Überschrift »Darum haben wir uns getrennt« deutlich. In jeder Folge wurde ein Paar vorgestellt, das sich aus den unterschiedlichsten Gründen getrennt hatte, Gründe wie: »Wer will schon eine Putzfrau als Freundin.« – »Er ist doch nur partygeil.« – »Das Baby hat unsre Liebe gekillt.« – »Er fand mich zu dick.« – »Ich war lieber eine gute Mutter als eine gute Geliebte.« – »Sie war eine Mischung aus Mama und Tofu-Tussi.« Mein Resümee nach der Lektüre dieser nicht-repräsentativen Schlussmach-Reportagen: Die Frauen klagten über Einsamkeit, die Männer über Langeweile, alle klagten über etwas, was sie nicht bekommen hatten. Keiner suchte die Schuld bei sich selbst und seiner unterentwickelten Hingabefähigkeit, einer Fähigkeit, die der Philosoph Wilhelm Schmid definiert als »die Bereitschaft, bedenkenlos zu geben, ohne an Gegengaben auch nur zu denken«.

## Zweitens: Danken

Die zwei wichtigsten Wörter in jeder Beziehung sind »bitte« und »danke«. Ich weiß nicht, woran es liegt, dass sie uns so schwer über die Lippen kommen. Vielleicht, weil wir fürchten, uns damit als bedürftig und abhängig hinzustellen. Wir sollten uns bewusst machen, dass eine verbale Anerkennung dazu führt, dass der Partner sich besser, wertvoller, geliebter fühlt – und dass der Partner dadurch motiviert wird, sich auch weiterhin großzügig zu verhalten.

Die Kulturbeauftragte der Evangelischen Kirche, Petra Bahr, hat einen Knigge für Zeitgenossen geschrieben, die moralische Haltungsübungen machen wollen. Zur Haltung der Dankbarkeit führte sie aus: »Dankbarkeit ist deshalb eine schwere Übung, weil sie voraussetzt, das Leben als Geschenk zu begreifen.« Petra Bahr kritisiert, dass das Schenken immer mehr zur »Geschenkpolitik« verkommt, wir hinter jedem Geschenk und Geste eine subtile Aufforderung zur Gegengabe argwöhnen und deshalb nicht fröhlich empfangen können: »Wo als letztes Kriterium für den Wert eines Gutes der vermutete Preis gilt, wird Dankbarkeit zum Eingeständnis von Schwäche und Abhängigkeit. Was es umsonst gibt, ist selbst für Schnäppchenjäger verdächtig.« Wenn Liebende schenken, kommt nicht eine Forderung zum Ausdruck, sondern eine herrliche Sehnsucht: die nach dem Anerkennen der eigenen Liebe, sprich: nach Dankbarkeit.

### Drittens: Teilen

Ein Journalistenkollege, der demnächst Silberhochzeit feiert, hat mir versichert: »Die Hormonschübe nehmen ganz schnell ab, und dann ist es der Wille, gemeinsam etwas zu gestalten, der die Ehe am Laufen hält.« Er hatte seine Frau bei der Arbeit an einem Hilfsprojekt in Osteuropa kennengelernt.

Gemeinsame Projekte schweißen zusammen. Ein gemeinsames Projekt, das nicht mehr und nicht weniger die Lust zum Ziel hat und zwei Körper buchstäblich zusammenschweißt, ist der Sex. Auf einer Literaturkonferenz bin ich einer Frau begegnet, die mir durch ihre besonders positive Ausstrahlung aufgefallen ist. Sie entpuppte sich als Paartherapeutin. Sie war so alt wie ich, aber schon 20 Jahre lang mit ihrem Mann zusammen. Sie verriet mir mit strahlendem Gesicht eines der Erfolgsgeheimnisse für ihre Ehe: »Der Sex wird immer besser!« Ich habe das auch schon von Senioren gehört. Auch im höheren Alter stellt sich in ihren Betten keine Langeweile und Lustlosigkeit ein. Das liegt nicht nur daran, dass man mit der Zeit die Vorlieben der anderen Person besser kennt, sondern auch, dass man die Person in ihrer Gesamtheit besser erfasst hat. Man hat dann Sex nicht mit einem Körper und einer Projektion der eigenen Phantasien, sondern einem echten Gegenüber. Bei Sex-Experimenten in wissenschaftlichen Labors haben diejenigen Paare die herrlichsten Orgasmen, die entspannt sind und sich die meiste Zeit füreinander nehmen. Langfristpaare. Natürlich muss es nicht immer der Geschlechtsverkehr sein. Paare, die sich oft berühren, umarmen und streicheln, machen ihre Beziehung haltbarer.

Eine Aktivität oberhalb der Gürtellinie, die oft unterschätzt wird, ist das Lachen. Humor verbindet. Für mich gilt: je schräger und bissiger der Humor, desto besser. Ablachen zu zweit ist gut, ablästern auch. Als Christ bewege ich mich mit meinem Plädoyer für die komisch-üble Nachrede auf dünnem Eis. Andererseits: Wenn das homöopathisch dosierte Herziehen über Dritte dem Eheglück dient, wird Gott hoffentlich nichts dagegen haben. Negative Integration nennen Soziologen die beziehungsfördernde Abgrenzung gegen andere. Manchmal sind fiese Nachbarn ein starker Beziehungskitt.

Das mit Abstand aufwendigste Projekt, das Paare starten können, ist eine Familie. Kinder senken vorübergehend das Glücksniveau in einer Beziehung ab, sorgen aber langfristig für eine stärkere Bindung. Tagsüber Hetze, nachts kaum Schlaf, das stresst zwar, belohnt aber noch viel mehr: Es fusioniert das »Ich« und »Du« endgültig zu einem Familien-»Wir«. Es fügt dem Kunstwerk Liebe einige ganz neue Elemente hinzu.

»Die Luft ist raus«, »Die Spannung ist weg«, »Wir machen nichts mehr miteinander«, klagen Eheleute, wenn die Abende regelmäßig auf der Couch vor der Glotze enden oder gar in getrennten Zimmern, in denen Mann und Frau vor dem eigenen Computer mit ihren Facebook-Freunden chatten.

Noch mehr als Männer legen Frauen Wert auf gemeinsame Initiativen. Das gemeinsame Planen und Teilen von Vergnügungen und Verantwortungen ist ihnen noch wichtiger als die Entlastung von Routineaufgaben.

Es gibt jede Menge Freizeitaktivitäten, die dem Beziehungsglück förderlich sind: Tango tanzen, Oper besuchen, Kirmes besuchen, Wellnesstag einlegen, Tandem fahren, Reisen unternehmen. Ein Ärztepaar, mit dem ich befreundet bin, lebt nach der Maxime: »Bevor wir uns außerhalb der Ehe Abenteuer suchen, schaffen wir uns selbst welche.« Zuerst bereisten die beiden exotische Länder. Dann starteten sie eine Hilfsinitiative für Afrika. Ihre Ehe verbraucht keine Liebesenergie, sondern produziert so viel neue, dass sich andere noch daran wärmen können.

Erlebnisse schaffen Erinnerungen. Erinnerungen werden mit der Dauer einer Beziehung immer wichtiger. Deshalb versuchen Paartherapeuten, die eine kaputte Ehe reparieren sollen, zunächst an die positiven Erinnerungen anzuknüpfen. Fällt beiden Verheirateten dazu nichts ein, gleicht das einem K. o. in der ersten Runde. Umgekehrt ist eine Vergangenheit, die mehr in Rosa als in Grau gezeichnet ist, eine optimale Voraussetzung, um jeden Beziehungskrach zu heilen.

Aber auch die Erinnerung an Krisen, die man im Team bewältigt hat, kann hilfreich sein. Mir fällt dazu ein

Gedicht von Matthias Claudius ein, anlässlich seiner Silberhochzeit geschrieben für seine Frau Rebekka:

*»Uns hat gewogt die Freude, wie es wogt und flutet
Im Meer, so weit und breit und hoch!
Doch, manchmal auch hat uns das Herz geblutet
Geblutet ... ach, und blutet noch.«*

Manche Paare kratzen und schlagen sich gegenseitig blutig, psychisch und in Extremfällen auch physisch. Die traurige Tatsache ist: Beziehungen scheitern meistens nicht, weil sie zu wenig Freude generieren, sondern weil sie zu viel negativen Druck erzeugen. Manche Verheiratete wären schon froh, wenn sie ein bisschen Frieden hätten. »Nicht nach Lust, sondern nach Schmerzlosigkeit strebt der Kluge«, schrieb schon Aristoteles. Dabei ist der Härtetest einer Beziehung nicht der Seitensprung. Der kommt, Gott sei Dank, immer noch nicht in jeder Beziehung vor. Und selbst wenn er vorkommt, dann nicht notwendigerweise heraus.

Der Härtetest ist die alltägliche Aggression. Der Streit. Der schwelende Konflikt. Wenn das Indoorfighting ans Eingemachte der Liebe geht und die angesparten Freundlichkeitsvorräte aufgezehrt sind, folgt bei einem oder beiden Partnern der ungeordnete Rückzug.

Meine Eltern haben selten in meiner Gegenwart gestritten. Vielleicht ist deshalb mein Harmoniebedürfnis so ausgeprägt. Bei DVDs drücke ich die Fast-Forward-Taste, wenn sich Film-Liebespaare allzu heftig fetzen. Ich weiß nicht, was in Menschen vorgeht, die täglich rhetorische Blutgrätschen durch ihre Partner erleiden. Was ist schlimmer, als die Grausamkeit des Menschen, dem man sich anvertraut hat? Was ist schlimmer, als zu zweit einsamer zu sein als vorher alleine und sich zu Hause fremder zu fühlen als am Arbeitsplatz? Was ist schlimmer als der Schmerz, wenn die Liebe statt einem zärtlichen Echo ein hässliches Lachen und Krächzen auslöst? Die Liebe in solchen Beziehungen wird nicht mit einem Schlag weggebombt, sondern stichweise erledigt, sie endet nicht mit einem Knall, sondern mit vielen Seufzern. Dann fallen Sätze wie: »Ich kann nicht mehr.« – »Ich halte es nicht mehr aus.« – »Ich gehe.« Jedes böse Wort – Another Brick in the Wall. Jede unterlassene Liebesleistung – Another Hole in the Heart.

»Wir Sterblichen, Männer und Frauen, schlucken so manche Enttäuschung zwischen dem Frühstück und dem Abendessen hinunter«, schreibt George Eliot in »Middlemarch«, »wir halten die Tränen zurück und sehen nur ein wenig bleich um die Lippen aus.«

Nicht, dass Streit grundsätzlich böse wäre. Wenn sich zwei Menschen mit ihren unterschiedlichen Interessen ganz nah kommen, gibt es Interessenskollisionen. Es kommt darauf an, wie sie gelöst werden.

Einer der anerkanntesten Beziehungsexperten, John Gottman, vertritt die These, dass die Art, wie Paare streiten, zeigt, ob sie zusammenbleiben werden oder nicht. Nach zahlreichen ausgeklügelten Tests will er eine totsichere Methode entwickelt haben, mit der er die Haltbarkeit einer Beziehung schon nach den ersten Minuten eines Streitgesprächs vorhersagen kann. Gottman zufolge ist der Todeskuss, der »Kiss of Death« jeder Beziehung, wenn sich die Partner verächtlich und respektlos behandeln. Sich dissen schafft Diss-tanz. Gottman hat außerdem eine einprägsame Formel auf

Lager, die »5 zu 1«-Formel. Fünf Komplimente gleichen eine Kritik aus. Wer den Partner attackiert, braucht fünf Schmeicheleien, um das Soll-Haben-Konto der Liebe wieder auf null zu bringen. Der Grund: Unser Schmerzgedächtnis funktioniert besser als unser Lustgedächtnis. Unsere Gehirne speichern negative Erfahrungen länger und abrufbarer als positive. Ich merke das bei mir daran, dass ich das Lob, das mir Kollegen für meine Nachrichtenbeiträge geben, erheblich schneller vergesse als kritische Kommentare.

Wir alle kennen die verletzende Wirkung von Kritik. Deshalb verhalten wir uns Freunden gegenüber freundlich und affirmativ. Wir wissen: Auf Freunde, die nerven und nölen, verzichtet man schnell. Überhaupt fügen sich Freunde weniger schwere Verletzungen zu als Liebhaber. Sie kommen uns nicht nahe genug, um uns im Innersten aufwühlen zu können. Sie fügen uns Wunden zu, aber diese gehen nicht so tief und sind deshalb leichter heilbar. Außerdem müssen Freundschaften weniger Druck aushalten als eine langfristige Liebesbeziehung: Druck durch finanzielle Belastungen, durch Kinder und andere Verwandte.

Mit Druck kann man auf zwei Arten umgehen. Man kann versuchen, den Partner zu ändern. Oder man kann seine eigene Widerstandskraft stärken. Eva-Maria Zurhorst, die Autorin des Bestsellers »Liebe dich selbst, und es ist egal, wen du heiratest«, glaubt, dass heutzutage die Widerstandskraft von Liebenden, im Fachjargon: die Resilienz, unterentwickelt ist. Frau Zurhorst ist überzeugt, zwei von drei Scheidungen sind unnötig und könnten durch ein besseres Konfliktmanagement verhindert werden.

Oft ist der Druck, der auf eine Liebesbeziehung einwirkt, nicht endogen, sondern exogen. Finanzielle Belastungen, zeitintensive Arbeitsverhältnisse. Tagsüber werden die Nerven im Betrieb gespannt, abends reißen sie am Küchentisch. Menschen, die unter Zeitdruck stehen, verhalten sich grundsätzlich weniger fürsorglich als andere. Liebende sollten also rechtzeitig darauf achten, eine gesunde Work-Life-Balance zu finden.

Manchmal ist der Streit aber tatsächlich hausgemacht. In der Praxis, nicht meiner eigenen, sondern der von Paartherapeuten, haben sich die folgenden fünf Elemente einer konstruktiven Streitkultur bewährt:

### Erstens: Reden

Für die meisten Frauen, die ich kenne, ist Kommunikation ein Selbstzweck. Für Männer ist sie oft nur Zweck. Wozu? Um Ruhe zu haben oder zumindest keinen Verbalstress zu erleben. Deshalb schweigen sie eine Beziehung lieber zu Tode, als selbst die perfiden drei Worte zu sagen: »Wir müssen reden …« Ich habe von einem Hollywoodregisseur gelesen, der seine Beziehungen regelmäßig beendete, indem er sich schweigend vor die Glotze klemmte und dort so lange stumm hockte, bis seine Geliebte das Schimpfen aufgab und das Weite suchte.

Der Couch-Potato und die Kratzbürste, diese Geschlechter-Konstellation ist zwar ein Klischee, aber keines, das völlig an der Realität vorbeigeht. Aus eigener Erfahrung weiß ich: Männer wollen tendenziell in Ruhe gelassen, Frauen wollen akzeptiert werden.

## Zweitens: Freundlich reden

Pädagogen wissen: Wer erziehen will, muss freundlich sein. Wer seinen Partner verändern will, ebenso. Lob bringt mehr als Kritik, positive Aussagen à la »Ich würde mich total freuen, wenn …« mehr als: »Wehe, wenn du …« Vor ein paar Jahren habe ich eine Fernsehdokumentation über einen Obdachlosen gesehen. Auf die Frage, was er sich am meisten wünschte, antwortete der Mann nicht etwa: »Geld.« Oder: »Endlich einen Job.« Sondern: »Freundliche Worte.« Darauf kommt es übrigens nicht nur im zwischenmenschlichen, sondern auch im zwischenstaatlichen Bereich an. Wenn ich unseren Außenminister auf einem Staatsbesuch begleite, beeindruckt mich jedes Mal die Akribie der Vorbereitung. Das diplomatische Korps arbeitet wochenlang an einem Protokoll, in dem keine Geste, keine Ansprache der Improvisation überlassen wird. Verbesserungswünsche, etwa bei Menschenrechtsfragen, können artikuliert werden – aber immer höflich und respektvoll. Auch in seriösen TV-Talkshows gilt: Wer schreit, hat schon verloren. Es soll Bundestagsabgeordnete gegeben haben, die sich vor Plenardebatten an bestimmten Stellen ihres Redemanuskripts die Notiz machten: »Schwaches Argument – Stimme heben.« Überzeugt haben sie damit höchstens die eigenen Fraktionskollegen. Im Privatleben läuft es nämlich genauso andersherum: Laut verliert.

**Drittens: Zielorientiert reden.**

Ein Freund von mir hat seiner künftigen Braut einen ungewöhnlichen Liebesratgeber geschenkt: Er heißt »Wie man zum Ja kommt« (»Getting to Yes«) und wird normalerweise BWL-Erstsemestern zur Lektüre empfohlen. In dem 30 Jahre alten Klassiker, geschrieben von den zwei US-Professoren Roger Fisher und William Ury, wird die sogenannte »Harvard Methode« vertreten. Bei Geschäftsverhandlungen, so empfehlen die Autoren, soll man nicht die unterschiedlichen Standpunkte in den Vordergrund stellen, sondern die gemeinsamen Interessen. Nicht Befindlichkeiten zählen, sondern das Ergebnis, und der liegt im größtmöglichen Nutzen für beide. Es geht also um eine Winwin-Strategie. Bei Paaren konvergieren die einzelnen Interessen zumindest an einem Punkt: dem harmonischen Zusammenleben. Solange beide Partner den Erhalt und Ausbau der Beziehung zum Ziel haben, kann ein Konflikt durchaus heilsam sein.

In diesem Zusammenhang kann man von Tarifverhandlungen lernen. Gewerkschaftsvertreter und Arbeitgeber haben unterschiedliche Vorstellungen davon, was gerecht und langfristig gut fürs Unternehmen und die Angestellten ist. Ich habe einen Wirtschaftsexperten gefragt, warum es nicht öfter passiert, dass eine Belegschaft durch borniert Bosse in den Ausstand getrieben wird oder dass gierige Gewerkschaftsfunktionäre einen Konzern kaputtstreiken. Die Antwort des Experten: »Wenn beide Seiten vernünftig sind, passiert so was nicht.«

In der Liebe geht es natürlich nicht immer vernünftig zu. Wenn schon Tarifpartner manchmal Mediatoren brauchen, dann sollten sich Liebende auch nicht schämen, Vermittler dazuzuholen: Therapeuten, Seelsorger, Freunde. Es geht schließlich nicht um eine Zahl vor oder nach dem Komma, sondern um alles.

## Viertens: Lächeln

Ich meine natürlich nicht eine ironische Grimasse, sondern ein warmherziges, augenzwinkerndes Lächeln, das die Situation entspannt und deeskaliert und suggeriert: »Ich hab dich so oder so lieb …«

## Fünftens: Schweigen

… oder, um es mit dem Kabarettisten Dieter Nuhr flapsiger zu formulieren: »Einfach mal die Fresse halten.« Wem das zu wenig ist, der kann dem Schweigen noch einen Satz voraussetzen. Wenn Reden wie Tanzen wäre, dann wäre dieser Satz der Grundmove: »Du hast recht, Schatz.«

Was aber tun, wenn's brennt und der andere immer noch Öl in die Flammen gießt? Was, wenn weder Reden noch Lächeln, noch Schweigen hilft? Wenn der Partner stumm aus dem Fenster starrt, während man auf ihn einredet? Wenn das Bett über Monate hinweg verkehrsberuhigte Zone ist, weil der Partner sich jeder Zärtlichkeit verweigert? Wenn der Partner nicht vernünftig agiert, sondern verstockt, boshaft oder schlichtweg irre, dann …
Dann weiß ich auch nicht weiter.

Dann hilft (fast) nur beten.

Aber wie lange?

Ich empfehle nicht das Aushalten um jeden Preis. Ich habe schließlich keine Ahnung, wie viel Schmerz ich selbst aushalten könnte.

Wilhelm Schmid sieht das Ende einer Liebe gekommen, »wenn auf keiner Ebene mehr irgendwelche Zuwendung und Zuneigung möglich ist: keine körperliche Nähe, keine Gefühle füreinander, kein geistiger Austausch mehr, von einer transzendenten Erfahrung ganz zu schweigen«.

Der Preis, wenn man geht, ist allerdings auch unbezahlbar hoch. Schließlich kann man das in eine Beziehung eingezahlte Kapital nicht mitnehmen und anderswo anlegen. Selbst über die schönen Erinnerungen legt sich ein fauliger Schleier, ein imaginäres Leichentuch. Schade drum.

Die Autopsie einer abgestorbenen Liebe fand in einer Berliner Kunstgalerie statt. Auf einem weißen Tisch aufgebahrt war das, was von einer vierjährigen Paarbeziehung übrig geblieben war: Polaroids, Briefe, Postkarten, selbstgebrannte CDs, Bücher mit Widmungen, Reisesouvenirs, Weihnachtsgeschenke. Die Liebes-Leichenschau stand unter dem nüchternen Titel: »Bedeutende Objekte und persönliche Besitzstücke aus der Sammlung von Leonore Doolan and Harold Morris.« Die zwei Journalisten hatten sich 2002 bei einer Halloweenparty in New York kennengelernt und 2006 wieder getrennt. Einige Überbleibsel ihrer Romanze konnten nicht besichtigt, aber in einem Katalog eingesehen werden. Zum Beispiel der Erstkontakt: die E-Mail-Adresse von Leonore, gekritzelt auf eine Serviette. Oder eine Pro-und-Contra-Liste, die Leonore nach einem Jahr aufgeschrieben hatte: »Pro: Lust, guter Sex, andere Welt, Reisen, Kunst/Contra: depressiv – Alkohol? Promi-fixiert, Mundgeruch, immer unterwegs, Essen ist ihm gleichgültig, zurückgezogen.« Und schließlich die Abschiedsbriefe, die mit einem kläglichen »Lass uns Freunde bleiben« endeten. Nun sollte der ganze Krempel versteigert werden, die meisten für einen Betrag zwischen 10 und 20 Dollar. Bis dahin hatte ich geglaubt, dass die Ausstellungsstücke und die Geschichte dahinter echt waren. Der Preis machte mich stutzig. Denn der Materialwert der Erinnerungsstücke lag insgesamt vielleicht bei 20 Dollar. Dann erfuhr ich von dem Galeristen: eine erfindungsreiche Amerikanerin, Leonore Shapton, hatte sich das Konzept ausgedacht, um auf originelle Art das Entstehen und Vergehen von Liebe zu dokumentieren. Von ihr las ich dann das Zitat: »Nur die Liebe hat die Kraft, Gegenstände mit Bedeutung aufzuladen.«

Das heißt: Wer liebt, veredelt nicht nur sich und den Partner, sondern seine gesamte Existenz. Treu Liebende haben den Midas-Touch. Wie Alchimisten können sie aus wenig oder nichts Gold machen.

Wer eine Liebe absterben lässt, macht dagegen aus Gold Scheiße. Und ist dann lange Zeit mit dem Aufwischen beschäftigt …

# 18    Danke, ich hab schon

## Kämpfen

Welcher mit törichtem Herzen hinanfährt, und der Sirenen
Stimmen lauscht, dem wird zu Hause nimmer die Gattin
Und unmündige Kinder mit freudigem Gruße begegnen
Denn es bezaubert ihn der helle Gesang der Sirenen
Die auf der Wiese sitzen, von aufgehäuftem Gebein
Modernder Menschen umringt und ausgetrockneten Häuten.
Aber du steure vorbei …
*(Homer, Odysseus, 12. Gesang)*

Ich war einmal dabei, als ein Mann seiner Frau seinen Seitensprung gestand. Es war auf der Leinwand, und ich saß in sicherer Entfernung davor. Aber es hat mich mehr mitgenommen als alles andere, was ich bisher im Kino erlebt hatte. Der Film heißt »Stilles Licht« (Carlos Reygadas, Mexiko 2007) und wurde bei den Filmfestspielen in Cannes mit dem Großen Preis der Jury ausgezeichnet. Er handelt vom Ehebruch bei strenggläubigen Mennoniten in Mexiko. In der ersten Szene sehen wir den Bauern Johan, seine Frau Esther und die sechs Kinder beim Gebet. Dann begleiten wir Johan in ein Kornfeld, wo er seine heimliche Geliebte Marianne trifft und sie küsst. Johan besucht seinen Vater und bittet ihn um Rat. »Es ist der Feind, der dich versucht«, sagt der Alte. »Ich glaube, ich habe einen Fehler gemacht, als ich geheiratet habe«, sagt Johan. Wenn er noch einmal wählen könnte, würde er sich für Marianne und gegen Esther entscheiden. Aber kann er noch einmal wählen? Er verabredet sich mit Marianne in einem Hotel. Die beiden schlafen miteinander. Während einer Autofahrt, als gerade ein Unwetter über sie hereinbricht, beichtet Johan seiner Frau den Ehebruch. Sie stürzt aus dem Wagen, bricht weinend zusammen, schluchzt sich minutenlang buchstäblich die Seele aus dem Leib, bis sie an Herzversagen stirbt. Johan kommt schreiend herbeigelaufen und schleppt sie zurück zum Wagen. Später wird Esther auf wundersame Weise wieder lebendig. Aber im Gedächtnis bleibt nicht ihr friedvolles Gesicht, als sie aufwacht, sondern die schmerzverzerrte Grimasse, als sie vom Bekenntnis ihres Mannes niedergestreckt wird. – Wer sich überlegt, seinen Partner zu betrügen, und nicht glaubt, dass er der Versuchung länger widerstehen kann, sollte es mit diesem Film versuchen – oder sich Marius Müller-Westernhagens »Sexy« ins Gedächtnis rufen:

> *»Sexy – was hast du bloß aus diesem Mann gemacht*
> *Sexy – was hat der alte Mann dir denn getan*
> *Sexy – wo warst du bloß, als er nachts aufgewacht*
> *Sexy – das tut dem alten Mann doch weh.«*

Allerdings: Wenn es beginnt, das Grummeln im Brustkorb, der schnellere Atem, wenn die Hölle in der Hose losbricht, wenn das Tier in uns erwacht und zur Fütterung ruft, ist es oft schon zu spät. Dann wollen wir uns nicht durch Gegenargumente vom falschen Weg abbringen lassen. Der Schriftsteller Thomas Brussig, laut Selbstbeschreibung glücklich verheiratet, hat für seine Buchreportage »Berliner Orgie« die lokale Rotlichtszene ausgekundschaftet. Das, was er aus der Versuchung durch Callgirls, Bordellprostituierte und Straßennutten gelernt hat, beschreibt er so: »Versuchung ist alles andere als harmlos. Sie reißt an dir. Und selbst wenn du ihr widerstehst, selbst wenn du siegst, wirst du nicht zum stolzen Sieger.« Brussig erkennt die Weisheit hinter der Passage aus dem Vaterunser: »Führe uns nicht in Versuchung.« Wer der Versuchung ins süße Antlitz schaut, kriegt oft auf die Schnelle keine Kräfte zur Gegenwehr mobilisiert.

Die Versuchung tritt in zwei Varianten auf.

Variante A ist der Lustflash.

Variante B ist die allmähliche Verstrickung. Hier schleicht sich die Versuchung kaum merkbar an uns heran, oft dann, wenn sich die Verliebtheit aus unserer Beziehung herausgeschlichen hat. Diese leise und tückische Variante der Versuchung lauert im Hintergrund, täuscht an, attackiert, zieht sich wieder zurück und wartet in der Ecke geduldig auf den Moment unserer größten Schwäche.

In der Bibel gibt es für beide Varianten je eine bekannte Geschichte. Ich erzähle sie mit den Worten meines Freundes Martin Dreyer. Er trifft mit seiner szenesprachlichen »Volxbibel« zwar nicht den Nerv von Theologen, aber den unserer Zeit. Seine Version der größten Ehebruchtragödie des Alten Testaments trägt den konzisen Titel: »David baut Scheiße. Die Geschichte mit Bathseba.« Die Vorgeschichte: David wird von Gott zum neuen König aufgebaut und gelangt nach Verfolgung und Krieg schließlich auf den Thron. Dort findet er Gefallen am süßen Leben:

> *»Zu der Zeit war es langsam normal, jedes Jahr im Frühjahr irgendwo einen Krieg zu führen. Im Frühjahr nach dieser letzten Schlacht schickte David Ge-*

neral Joab und seine Truppen mit der ganzen restlichen Armee von Israel wieder in den Krieg. Es wurde erneut recht erfolgreich gegen die Ammoniter gekämpft. Irgendwann belagerten sie sogar deren Hauptstadt Rabba. David blieb aber diesmal zu Hause in Jerusalem. An einem Tag, so gegen vier Uhr, war David gerade am Pool auf seiner Dachterrasse oben auf seiner Präsidentenvilla. Mit seinem Fernglas schaute er sich so ein bisschen die Gegend an. Plötzlich sah er in einem Nachbarhaus durch ein Fenster eine voll sexy Braut, die gerade am Duschen war. David rief sofort beim Geheimdienst an, um rauszukriegen, wer dort eigentlich wohnte. – ›In der Hausnummer vier wohnt Frau Bathseba. Sie ist die Tochter von Eliam und ist seit einiger Zeit mit Herrn Urija verheiratet. Herr Urija hat einen hetitischen Pass. Ihre Telefonnummer ist …‹, sagte der Typ am anderen Ende. Jetzt holte David einen seiner Angestellten zu sich: ›Bitte gehen Sie mal zu meiner Nachbarin und klingeln da. Wenn die Ihnen dann öffnet, dann sagen Sie der, dass sie mal zu mir kommen soll!‹ Bathseba kam dann zu David, und sie landeten noch am selben Abend im Bett. Bathseba hatte da gerade die Zeit hinter sich, wo sie nach dem religiösen Gesetz keinen Sex haben durfte, weil sie ihre Tage hatte. Nach dem Sex zog sie sich an und ging wieder schnell zurück nach Hause. Sie hatten aber nicht verhütet, und Bathseba wurde von dem einen Mal auch gleich schwanger. ›Ich hab einen Test gemacht, ich bin schwanger! Was nun?‹, schrieb sie David in einer SMS …«

Ich kürze den Rest ab: David schickt Bathsebas Ehemann Urija auf ein militärisches Himmelfahrtskommando, der arme Kerl wird getötet, David heiratet Bathseba und fordert damit den göttlichen Zorn heraus.

Unter umgekehrten Vorzeichen ereignet sich die nächste biblische Versuchungsgeschichte, die ein paar Jahrhunderte vorher stattfindet. Der intelligente, aber eitle Josef wird von seinen eifersüchtigen Brüdern als Sklave nach Ägypten verkauft. Dort landet er im Haushalt von Potifar. Über den heißt es in der »Volxbibel«: »Er war als Beamter im höheren Dienst beim damaligen Präsidenten von Ägypten angestellt und hatte dort das Sagen über die Securityleute.« Hier wird Josef zum Objekt der Begierde von Potifars Frau:

»Josef hatte eine knackige Figur und sah auch so echt sehr gut aus. Nach einiger Zeit wurde die Frau von Potifar echt scharf auf ihn. Eines Tages kam sie bei ihm an und forderte Josef raus: ›Na, Kleiner, Lust auf guten Sex?‹ – Josef blieb aber stark. Er sagte zu ihr: ›Mein Chef hat mir sehr viel Vertrauen entgegengebracht. Er hat mir alles übergeben und kümmert sich um nichts mehr. In diesem Haus bin ich nicht viel weniger als er. Ich darf mir alles nehmen, mit einer Ausnahme: dich, seine Frau! Wie könnte ich so draufkommen und ihn, geschweige denn Gott, so stark bescheißen?‹ – Die Frau nervte jetzt jeden Tag rum. Josef blieb aber stark. Einmal hatte Josef was im Haus zu tun. Keiner von den Hausangestellten war gerade da. Plötzlich packte sie ihn an seinen Klamotten und schrie ihn an: ›Los, nimm mich! Stell dich nicht so an!‹ Er riss sich von ihr los und floh aus dem Zimmer.«

Weiter geht es so: Die Frau rächt sich, indem sie Josef der versuchten Vergewaltigung beschuldigt und ihn inhaftieren lässt. Doch Gott bleibt dem tapferen Josef treu. Nach vielen Jahren wird dieser vom Pharao persönlich freigelassen und zum höchsten Staatsdiener befördert.

Zwei Geschichten, zwei unterschiedliche Versuchungsanordnungen, einmal blitzartig-schnell, einmal langsam-zermürbend, zwei verschiedene Reaktionen. Half Josef die ohnehin angespannte Situation, den Gürtel eng geschnallt zu lassen? Wäre David schuldlos geblieben, wenn er nicht einen Wellness-Tag eingelegt hätte, während seine Soldaten an der Front standen?
Wie werde ich reagieren, wenn ich verheiratet bin und auf einer Dienstreise abends in einer Hotelbar lande, wo sich eine schicke Frau neben mich setzt, mit mir flirtet und mir zum Abschied ihren Zimmerschlüssel dalässt? Oder wenn ich am Arbeitsplatz eine Kollegin habe, von der ich mir wünsche, dass ich sie bereits vor meiner Hochzeit getroffen hätte? Schon Schopenhauer lästerte über den »vom Geschlechtstrieb umnebelten männlichen Intellekt«. Würde mich meiner dann auch im Stich lassen?
Oft sind es die größten Moralisten, die die größten Probleme mit ihrer Libido haben. Der Prediger unter den großen Romanautoren, Lew Tolstoi, kannte sich besonders gut aus mit der Lust auf fremdes Fleisch. Schilderungen von Versuchung und den nicht sonderlich erfolgreichen Bemühungen, dagegen anzugehen, durchziehen sein Werk. In »Der Teufel« wird ein verheirateter Adliger, der seine lotterhafte Jugend hinter sich gelassen zu haben glaubt, von einer jungen Leib-

eigenen betört. Er kämpft gegen den Drang, mit ihr zu schlafen und damit seine Ehe zu gefährden: »Jeden Tag betete er zu Gott, er möge ihn stärken, möge ihn vor dem Untergang retten; jeden Tag fasste er den Entschluss, von jetzt an keinen Schritt mehr zu tun, sich nicht nach ihr umzusehen, sie zu vergessen. Jeden Tag sann er aufs Neue vergeblich.« Schließlich schläft er dennoch mit seiner Leibeigenen, sogar mehrmals. Am Ende tötet er sie aus Verzweiflung.

Der Philosoph Simon Blackburn schreibt: »Mit der Lust zu leben ist, wie wenn man an einen Irren gekettet ist.«

Aber wo beginnt sie überhaupt, die sexuelle Untreue? Mit einem Kuss? Einem Kuss auf den Mund? Einem Zungenkuss? Oder reicht schon der Austausch von Flirtmails? Die Masturbation zu einem Porno?

Eindeutig ist die Grenze jedenfalls beim Sex überschritten, und den oralen und manuellen zähle ich dazu. Wie kann ich verhindern, dass es dahin kommt?

Versuchung funktioniert nicht nach Drehplan. Das haben vor zehn Jahren die Macher der amerikanischen Reality Soap »Temptation Island« erfahren: Ein halbes Dutzend Paare, alle kinderlos, wurden auf einer Insel aufeinander losgelassen: Playmates, Masseure, Schönheitsköniginnen, jede Menge knuspriges Fleisch also. Am Ende hatte keiner von ihnen Sex mit irgendwem, mehr als Knutschen war nicht drin. Die anfängliche Empörung konservativer Medienkritiker legte sich. Die Serie floppte. Als das Format in Deutschland unter dem Titel »Insel der Versuchung« gestartet wurde, hatten sich die Regeln verschärft. Nun kriegten die Paare Gesellschaft von brünstigen Singles. Mit genauso geringem Erfolg. Auf programmierten Sex wollte sich keiner einlassen, zumal nicht unter Beobachtung. »Was uns erlaubt ist, stößt uns zurück. Das Verbotene reizt uns«, wusste schon Ovid. Wo die Normverletzung einkalkuliert ist, reizt sie nicht mehr.

Versuchung funktioniert bei Männern und Frauen unterschiedlich. Und ewig balzt der Mann. Und ewig lockt das Weib. Männer wollen eher erobern, Frauen wollen erobert werden. Männer betrügen ihre Frauen vor allem, weil sie sich gelangweilt fühlen. Frauen betrügen ihre Männer vor allem, weil sie sich vernachlässigt fühlen. Männer, und das ist tatsächlich erwiesen, werden vom »Rot« stimuliert, das fremde Frauen tragen. Frauen sind da farbenblinder. Sie werden von der Wärme, Stärke und Zärtlichkeit stimuliert, die fremde Männer ausstrahlen und ausdünsten.

Männer, das legen einige wissenschaftliche Studien und noch mehr Erlebnisberichte nahe, sind leichter zu verführen als Frauen. Männer verhalten sich danach, was ihnen angeboten wird. Frauen verhalten sich danach, wie sie sich fühlen. Frauen, die glücklich liiert sind und sich deshalb gut fühlen, können nicht vom gewieftesten Filou verführt werden. Männer, die eine gute Ehe haben, schon, wenn eine echte Nymphe ihr Netz auswirft. Umgekehrt hat ein Mann in der Regel wenig Interesse daran, in eine intakte Beziehung einzubrechen. Bringt nur Ärger. Ich kenne dagegen Frauen, die sich gerade von fest gebundenen Männern angezogen fühlen und sich davon, sie dennoch rumzukriegen, einen Selbstwertzugewinn versprechen, wenn nicht gar eine gute Partie mit einem Mann, der bereits von einer anderen Frau vorgetestet und halbwegs erfolgreich domestiziert worden ist. Männer brechen eher aus einer Ehe aus, Frauen eher in eine ein.

Ich habe einen Psychotherapeuten nach Prophylaxe-Techniken gefragt.

Wie kann Mann/Frau sich wappnen gegen das, was erst in ihrem Kopf und später weiter unten vor sich geht? Vorher wollte ich wissen, ob es sie überhaupt gibt: Patienten, die sich vor ihrer eigenen Triebhaftigkeit professionell schützen wollten.

Der Therapeut schüttelte den Kopf. Mit so einem Anliegen war noch nie ein Klient an ihn herangetreten: »Die kommen erst, wenn es passiert ist.« Erst einmal glauben alle, dass sie sich unter Kontrolle haben. Und wenn nicht, dann fürchten sie, dass sie die einzigen Triebgestörten weit und breit sind und deshalb lieber schweigen sollten.

Der Kampf gegen die Versuchung ist einer der einsamsten Kämpfe überhaupt.

• Weil er so wenig heldenhaft ist. Die Tatsache, dass man überhaupt kämpfen muss, dokumentiert die eigene Schwäche. Und wer will schon schwach sein? Ein Opfer seiner Hormone?

• Weil sich darüber öffentlich nicht reden lässt. Auch nicht bei den eigenen Freunden, die die eigenen schwülen Phantasien eher noch anstacheln. Schon gar nicht bei der eigenen Partnerin, weil die schon durch das Bekenntnis der Versuchbarkeit verletzt wird. Und auch nicht beim Beichtvater, zumindest wenn man wie ich Protestant ist und keinen hat.

• Weil die Macht der Versuchung in den Medien weitgehend totgeschwiegen wird. Da hat man entweder keine Probleme damit, weil man ständig scharf auf die eigene Gattin ist, oder man erliegt ihr einfach und zündet sich ganz entspannt die Zigarette danach an. Sünde lässt sich eben leichter visualisieren als das schlechte Gewissen.

- Weil er so unberechenbar ist. Manchmal schleicht sich die Lust langsam an uns heran, manchmal attackiert sie uns plötzlich. »Du kommst wie 'n Überfallkommando, und ich bin k.o.«, reimte in den 80ern Udo Lindenberg.
- Weil es nur Etappensiege gibt, nie den finalen Triumph. Jedes Mal, wenn wir die Versuchung in die Schranken gewiesen haben, raunt sie uns wie Arnold Schwarzenegger in »Der Terminator« zu: »I'll Be Back!«

Also: Was tun, wenn's brennt, in der Hose oder, manchmal noch gefährlicher, im Herzen? Mit dem Brandschutz kann ich innen oder außen ansetzen: beim Impuls. Oder beim Reiz.

Der Impuls: Ich fange bei mir selbst an. Die Gefahr von Seitensprüngen und Affären ist nicht immer gleich groß, sondern gewissermaßen saisonabhängig. Nach dem ersten Ehejahr passieren sie häufiger, nach der Geburt des ersten Kindes auch, dann wieder nach dem siebten Ehejahr und schließlich viele Jahre später, wenn ein Partner oder beide ihre Midlifecrisis haben und ihr ganzes Lebensmodell in Frage stellen. In diesen Phasen treten die typischen Beziehungssaboteure stärker auf: Stress, Routine, Bettflaute. Mehr als auf die Zeitpunkte, die natürlich von Paar zu Paar variieren, sollte man deshalb auf die Frustsymptome achten und versuchen, mit dem Erzeugen von Nähe und positiver Spannung gegenzusteuern. Heine wusste: »Der Gedanke geht der Tat voraus wie der Blitz dem Donner.« Der Kampf gegen die Versuchung beginnt deshalb mit mentaler

Selbstkontrolle, mit einem Nein zum »Wäre-es-nicht-schön-wenn ...«-Kopfkino. Was intensiv gedacht wird, wird irgendwann auch gemacht. Im biblischen Buch der »Sprüche« gibt es die weise Aufforderung: »Behüte dein Herz mit allem Fleiß, denn daraus quillt das Leben.« Noch ein Bibelzitat, das einen guten Vorsatz formuliert, steht im Buch »Hiob«: »Ich habe einen Bund gemacht mit meinen Augen, dass ich nicht lüstern blicke auf eine Jungfrau.« Ein paar Jahrhunderte später geht Jesus noch weiter: »Wer eine Frau lüstern ansieht, hat in seinem Herzen die Ehe schon gebrochen.«

Sexsüchtige kennen die Drei-Sekunden-Regel. Wenn sie einen potentiellen Sexpartner so lange angucken, beginnt in ihrem Kopf ein Film, der irgendwann in der Realität weitergespielt wird und dort im Bett endet. Besser, den Blick spätestens nach zwei Sekunden abzuwenden. Das unterscheidet den Sexgierigen vom Alkoholiker. Beim Trinker wird das Begehren durch den ersten Schluck aktiviert, beim Hurer durch den ersten Blick.

Von der Gedankenkontrolle und Blickkontrolle komme ich zur Ortskontrolle und damit zum Reiz:

Ein kreolisches Sprichwort besagt: Wo der Zaun zu niedrig ist, steigt die Kuh darüber. Der Stier genauso. Unsere Versuchungsanfälligkeit ist ortsabhängig. Was sind die No Go Areas für Menschen, die nicht in Versuchung fallen wollen? Der Ort, an dem die meisten Affären beginnen, ist ausgerechnet einer, den man nicht ohne weiteres verlassen kann: der Arbeitsplatz. Die Macht der täglichen Versuchung durch eine Mitarbeiterin hat Ingo Schulze in einer Kurzgeschichte auf den prägnanten Satz gebracht: »Wenn klar ist, dass man die Frau neben sich jederzeit berühren darf, ja, dass sie darauf wartet, dann tut man es bei irgendeiner Gelegenheit auch.« Was also tun, wenn ein Kollege oder eine Kollegin täglich lockt? Die Aussprache suchen? Oder die Versetzung?

Ich kenne mehrere Pfarrer, die sich vorgenommen haben, keine Seelsorge-Einzelgespräche mit Frauen durchzuführen. Sie wollen Gerüchten vorbeugen, aber auch der eigenen moralischen Unzulänglichkeit. Ein Reiseprediger, der sich in einem Hotel von einer attraktiven Frau angesprochen fühlte, berichtete später von einer sehr dramatischen Abwehrstrategie. Er verbarrikadierte sich in seinem Hotelzimmer, schloss die Tür von innen zu und warf den Schlüssel aus dem Fenster.

Statistiken zufolge sind Seitensprünge in der Manager- und Beraterbranche besonders virulent. Freunde von mir, die im Spitzenmanagement arbeiten, berichten mir immer wieder, dass dort ziemlich oft andere Partner als die angetrauten in den Hotelbetten liegen. Abgebrühte Ehebrecher passen dabei auf, dass die Seitensprünge immer auswärts stattfinden und mit Partnern, die ihrerseits liiert sind und deshalb ebenfalls Interesse an Diskretion haben.

Wer ortsgebunden ist, hat dagegen weniger Möglichkeiten fremdzugehen. Wie der Vater einer Journalistin, der ihr auf die Frage, warum er seine Frau nie betrogen hatte, antwortete: »Ich habe keinen Führerschein.«

Wer einen Führerschein hat und den auch behalten will, dem gibt das andererseits einen Grund, keinen Alkohol zu trinken, oder zumindest nicht zu viel davon. Alkoholkonsum führt nämlich zu moralischer Kurzsichtigkeit, wenn nicht sogar Blindheit. Wer sich mit Wein oder Cocktails abschießt, gibt sich frei zum

Abschuss. Ich habe bei Partys und Empfängen schon mehrfach Ehemänner erlebt, die im Vollrausch mit einer neuen Bekanntschaft in deren Wohnung fahren wollten und nur durch das handfeste Eingreifen ihrer weitsichtigeren Freunde davon abgehalten werden konnten.

Andere Hilfsstrategien der Seitensprungvermeidung sind:

- Telefonnummern löschen
- Facebookfreundschaften beenden
- beten

In Filmen, wo es aufs Zeigen und Zuspitzen ankommt, wird logischerweise der Vollzug des Partnerbetrugs öfter gezeigt als dessen Vermeidung. Es gibt einige berühmte Ausnahmen. Mir sind zwei vor Augen:

- In »Flüchtige Begegnung« von David Lean (Großbritannien 1946) treffen sich ein Arzt und eine Hausfrau mehrmals zum Kaffeetrinken. Beide sind bereits verheiratet, schlafen aber dennoch beinahe miteinander. Der Gedanke an ihren Mann und ihre Kinder hält die Frau allerdings zurück. Es bleibt bei einer nicht-sexuellen Begegnung.
- In »Liebe am Nachmittag« von Eric Rohmer (Frankreich 1972) läuft ein glücklich verheirateter Familienvater, Frederic, einer Bekannten von früher über den Weg, Chloe. Sie ist etwas durchgeknallt, und genau das reizt ihn. Sie haben mehrere Rendezvous, verteilt über viele Monate. Schließlich landet Frederic in Chloes Wohnung, wo sie ihn nackt unter der Dusche empfängt. Bevor er der Versuchung nachgibt, fällt

sein Blick auf das Bild seines Sohnes. Er stürzt wie von Furien gehetzt aus der Wohnung, flüchtet die Treppe hinunter und rennt zurück zu seiner Frau.

»Ach, welches Sehnen hat sie so weit gebracht«, klagt Dante in seiner »Göttlichen Komödie« über Paolo und Francesca, denen die Lektüre der Ehebruchsgeschichte von Lancelot und Guinevra zum Verhängnis geworden ist. Sie sind aus unglücklichen Beziehungen in eine Affäre geflüchtet und dafür von Francescas gehörntem Gatten erdolcht worden. Nun schweben sie als aneinanderklebende Schatten über dem zweiten Höllenkreis, um schließlich in den Schlund hineinzustürzen.

Auch wenn man nicht an Himmel oder Hölle glaubt: Untreue lohnt sich nicht. Manchmal reichen 20 Minuten hektischen Rumgefummels und Rumgestöhnes, um 20 Jahre Beziehungsarbeit zunichtezumachen oder zumindest für jahrelange Gewissensbisse zu sorgen. Was man sich mühevoll aufgebaut hat, reißt man buchstäblich mit dem nackten Arsch wieder ein.

Man sollte sich in Situationen, wo es gefährlich zu werden droht, die folgenden Sätze soufflieren:

Der Lustflash ist nichts, der lange Frieden alles.

Der Moment wird überschätzt.

Es wird vorbeigehen.

Und: Wenn ich das Tier in mir füttere, wird es mehr wollen. Einmal ist mehrmal. Es ist, wie wenn man eine neue Applikation im Gehirn installiert, die in Zukunft bei möglichen Gelegenheiten erneut aktiviert wird.

Ich will die inneren Nöte von Frauen, die zwischen zwei Männern stehen, und Männern, die sich zwischen zwei Frauen hin- und hergerissen fühlen, nicht trivialisieren oder kriminalisieren. Das amerikanische Pop-

Duo England Dan und John Ford Coley machte aus dem Dilemma in den siebziger Jahren einen Hit. Der Refrain hieß: »Es ist traurig, einem anderen zu gehören, wenn der Richtige auftaucht.« In einem Roman von Graham Greene, »Das Herz aller Dinge«, löst der Held den Loyalitätskonflikt zwischen Ehefrau und Geliebter dadurch auf, dass er sich umbringt. Tatsächlich ist es oft schon zu spät, wenn die Affäre bereits begonnen hat. Vorbeugen ist besser als nacharbeiten.

Aus der Korruptionsbekämpfung wissen wir: Die beste Waffe gegen Untreue ist Transparenz. Die wirksamste Methode, sexuelle Treue zu bewahren, hat mir ein Freund verraten: Sie ist effektiver als eine elektronische Fußfessel oder ein Handy-Ortungsgerät. Mein Freund hält seine Frau über seine Gefühle, auch die unanständigen, auf dem Laufenden. Keine Heimlichkeiten, noch nicht einmal im Kopf. So viel Transparenz verlangt Mut, das verlangt Vertrauen, das verlangt eine selbstbewusste und starke Partnerin. Mein Freund hatte viele Affären, bis er sich zu dieser neuen Strategie durchrang. Sein Leitspruch: »Es darf niemanden geben, der meiner Frau etwas über mich erzählen kann, was sie nicht von mir weiß.«

Es gibt nichts Gutes, außer man kämpft darum. Das kenne ich aus der Sportpraxis. Im letzten Jahr habe ich meinen zehnten Marathon absolviert, meinen achten in Berlin (um dann zu beschließen, meine Kalorien künftig auf eine gelenkschonendere Art zu verbrennen). Was mich jedes Mal dazu motiviert hat, nicht bei Kilometer 28 am »Wilden Eber« stehen zu bleiben, sondern mich die restlichen 14 Kilometer bis zum Brandenburger Tor durchzubeißen, waren die Schilder begeisterter Zuschauer. Vor allem eins blieb mir im Gedächtnis:

»Der Schmerz vergeht, die Ehre bleibt.« Bei einem Marathon an der kalifornischen Südküste trieb mich eine fröhliche Mutti mit dem Schlachtruf den letzten Berg hinauf: »YEAH, BABY, YOU CAN DO IT!« Tatsächlich spendierte mir mein Hirn kurz vor dem Ziel noch eine Endorphindusche. Durchhalten lohnt sich. Ich hoffe, nicht nur beim Laufen.

# 19    Auferstanden aus Ruinen

## Versagen, vergeben, neu versuchen

> It's hard to give
> It's hard to get
> But everbody needs a little forgiveness.
> *(Patty Griffin, Forgiveness)*

**V**on einem versierten Rhetoriker habe ich gelernt: »Wenn du an den Verstand der Leute appellieren willst, dann erzähl eine Erfolgsgeschichte. Aber wenn du ihr Herz erreichen willst, erzähl eine Geschichte vom Scheitern. Am besten von deinem eigenen.«

Auch wenn ich gewollt hätte: Eine persönliche Story von Untreue, Ehebetrug, Desillusionierung war in der Kürze der Zeit nicht zu realisieren. Dafür kann ich mit einigen anderen Betroffenenberichten dienen über klinisch tote Liebe und deren Wiederauferstehung.

Den ersten hörte ich vor zwei Jahren auf einer Zukunftskonferenz in Austin/Texas. Die Veranstalter hatten 30 Visionäre und Macher aus den unterschiedlichsten Gesellschaftsbereichen eingeladen. 30 Erfolgstorys. Das heißt: eigentlich nur 29.

Als einer der letzten Präsentatoren kam ein Mann auf die Bühne, der um die 50 Jahre alt war und mich an Charlton Heston erinnerte. Einige im Publikum rutschten unruhig auf ihren Stühlen herum. Sie hatten ein wenig angenehmes Déjà-vu. Denn der Mann da vorne war einmal ein Star in der religiösen Szene gewesen, zuletzt kannte man ihn eher vom Wegsehen und Fremdschämen. Der ehemalige Vorsitzende der Vereinigung der amerikanischen Evangelikalen und Leiter einer Mega-Kirche hatte einen tiefen Fall hinter sich. Ein schwuler Masseur hatte den Moralprediger und angeblichen Muster-Ehemann als regelmäßigen Kunden geoutet. Jetzt tingelte Ted Haggard mit einem alten Auto durchs Land und verkaufte Versicherungen. Viele Konferenzteilnehmer hatten ihre Arme vor der Brust verschränkt, guckten skeptisch, als Haggard auch noch seine Frau auf die Bühne holte. Er erzählte, er habe ihr damals angeboten, sich von ihm scheiden zu lassen. Doch sie hatte sich entschieden, ihn auf dem Weg nach unten zu begleiten. Sie vergab ihm. Abwechselnd erzählten Ted und Gayle Haggard von ihren Erfahrungen der letzten Monate. Am Ende rissen sie fast alle im Publikum zu minutenlangen Standing Ovations von den Sitzen. Mir kam das damals etwas showmäßig vor, aber ich respektierte die Sehnsucht, die in dem Applaus-Orkan zum Ausdruck kam: nach einem offenen Umgang mit Versagen, nach Vergebung, nach Heilung und Wiederherstellung, danach, dass Aus nicht Für-immer-Vorbei bedeutet.

Im nächsten Jahr erlebte die Konferenz eine Neuauflage in Chicago. Wieder hatten die Organisatoren eine Auferstanden-aus-Ruinen-Liebesgeschichte im Angebot. Diesmal war der Protagonist ein Marketing-Experte, Sean W... Er begann seinen Vortrag nicht, wie auf solchen Konferenzen üblich, mit einem Bonmot, sondern mit dem Eröffnungssatz: »Ich war ein hochrangiger Angestellter bei Walmart und bin dort gefeuert worden, weil ich eine Affäre mit meiner Chefin hatte.« Leser der *New York Times* oder des *Wall Street*

*Journals* hatten die wesentlichen Fakten schon vorher erfahren. Der Familienvater Sean hatte mit der ebenfalls verheirateten Vizepräsidentin von Walmart, Julie R., angebändelt. Seans Pech war, dass Julie kurz darauf bei Walmart ausstieg und einen Rechtsstreit mit dem Riesenkonzern anfing. Walmart schlug zurück, indem er das Verhältnis der beiden publik machte. Das Beweismaterial, zärtliche E-Mails zwischen den beiden, hatten sie von Seans Ehefrau Shelley zugespielt bekommen, die ihren Mann beim heimlichen Chat mit Julie erwischt hatte. Das war drei Jahre her. – Inzwischen war Sean wieder zu seiner Frau zurückgekehrt. Sie saß bei seinem Vortrag in der ersten Reihe und nickte ihm zu. Seine letzten Worte trug der gutaussehende Enddreißiger schluchzend vor: »Ich danke dir so sehr, Shelley, dass du mir vergeben hast …«

So was gibt's.

Nicht nur in den USA, sondern auch bei uns. Öfter, als wir glauben.

Manchmal entsteht auf dem Ground Zero einer zerstörten Liebe wieder eine neue, noch tiefere und größere Zuneigung.

Pünktlich zur Abgabe des Manuskripts für dieses Buch habe ich gleich von drei Freunden erfahren, dass deren von Vertrauensbrüchen zerrüttete Ehen auf dem Weg der Besserung sind.

Der eine Freund lebte über zehn Jahre von seiner Frau getrennt. »Ich habe demnächst ein Date …«, verriet er mir strahlend. Date? Ich wusste anfänglich nicht, ob ich ihm dazu gratulieren sollte. Andererseits: Nach zehn Jahren war die Zeit vielleicht gekommen, ein neues Kapitel aufzuschlagen, mit einer neuen Partnerin. Er erriet meine Gedanken. »… mit meiner Frau«, fügte er hinzu. Er machte ein Gesicht, als hätte er die große Liebe gefunden. Wiedergefunden.

Der andere Freund war vor einiger Zeit aus der gemeinsamen Ehewohnung ausgezogen. Die genauen Gründe kannte ich nicht, ich tippe auf Streit, Unverträglichkeit, Frustration. Als ich davon hörte, dass er und seine Frau, die noch gar nicht lange verheiratet waren, getrennte Wege gingen, befürchtete ich das Schlimmste. Wenn ich Paare sagen höre, dass sie Abstand voneinander brauchen, läuten in meinem inneren Ohr die Beerdigungsglocken. Eine Auszeit signalisiert oft schon das endgültige Aus. In diesem Fall war es anders. »Hast du gehört«, sagte mir vor wenigen Tagen eine gute Freundin der beiden, »sie sind wieder zusammen. Alles wird wieder gut.«

Der dritte Freund hätte sich schon längst scheiden lassen sollen – wenn es nach seinen Bekannten gegangen wäre. »Untragbar«, hatten die über seine Ehe geurteilt, »die Frau macht dich fertig. Die ändert sich nie. Die ist suchtkrank«. Mit einer beeindruckenden Borniertheit verwies er auf sein Ehegelöbnis: »In guten wie in schlechten Zeiten.« Seine Frau hat sich inzwischen geändert. Ist gesund. Die Wunden beginnen zu heilen.

Ein zweiter Frühling mit dem ersten Partner – das erleben leider nicht alle, die Verletzungen erlitten oder selbst zugefügt haben.

Es geht auch anders. Ende statt Happy End. Wenn auch die aufwendigste Ehe-Reha beim Seelsorger oder Therapeuten nichts geholfen hat.

Manchmal, weil der eine Partner nicht vergibt. Einer Umfrage zufolge sind 80 Prozent der Frauen nicht bereit, ihrem Mann einen Seitensprung zu verzeihen. Was die Bereitschaft zu vergeben erhöht, ist das Eingeständnis der eigenen Schwäche. Menschen, die sich selbst für fähig zur Untreue halten, üben mehr Nachsicht. Am Ende sind wir schließlich alle Menschen, die zweite, dritte, vierte Chancen brauchen, auch wenn wir sie nicht verdient haben.

Aber was ist, wenn der schuldige Partner nicht bereut? Sich nicht ändern will?

Da, wo es keine Reue und Besserung gibt, bewirkt Vergebung keine Heilung. Im Gegenteil: Sie verstärkt bei dem Untreue-Opfer sogar das Bewusstsein der eigenen Ohnmacht und Hilflosigkeit.

Untreue verwandelt den Zauberpalast der Liebe in einen Scherbenhaufen. Das Gefühl der Geborgenheit ist weg, ebenso die Möglichkeit, sich fallenzulassen. Überall liegen Scherben herum, Erinnerungen und neue Verdachtsmomente, die die Wunden wieder neu aufreißen. Überall gehen ständig gelbe und rote Lämpchen an. Warum arbeitet der Partner so lange? Wer ist am anderen Ende, wenn sein Telefon klingelt? Wem schreibt er E-Mails? Was ist das für ein Parfüm, nach dem er riecht?

Untreue und Verrat können uns vor Schmerz besinnungslos machen. Die Tiefe des Abgrunds hat Euripides in seinem Drama »Medea« ausgelotet. Die Königstochter Medea gibt alles auf und folgt dem Helden Jason in die Fremde. Dort lässt er sie für eine andere Frau sitzen. Medea schäumt:

> *»Ist sonst ein Weib auch furchtsam und zum Kampf*
> *Untauglich und vermeidet eines Schwertes Anblick,*
> *Wird sie in ihrem Eherecht verletzt –*
> *So kann kein anderes Herz noch gieriger nach Blut*
> *sich sehnen.«*

Die Frage einer Versöhnung stellt sich nicht, denn Jason ist zu einer Rückkehr nicht bereit. Medea wählt schließlich die maßloseste aller Vergeltungsmöglichkeiten und ermordet die gemeinsamen Kinder.

In der gehobenen Literatur gibt es mehr Beispiele für abgestorbene Liebesverhältnisse als für erfolgreich wiederhergestellte. Ich glaube, dass das weniger über die Wirklichkeit verrät als über die Biographien der Autoren. Der Schmerz will bewältigt werden, zum Beispiel literarisch, das Glück will einfach nur erlebt werden. Mit vollem Herzen schreibt es sich nicht gut. Manche Autoren bahnen trotzdem einen Weg aus der Dunkelheit zurück ins Licht. Der aktuelle Erfolg des US-Starautors Jonathan Franzen liegt nicht zuletzt daran, dass er seine Protagonisten in eine verständnisvolle und freundliche Atmosphäre hüllt. Er mag sie so sehr, dass er sie für die Schmerzen, die sie erleiden, mit einem glücklichen Ende belohnt. Manche Kritiker loben seinen Roman »Freiheit« als den bisher größten dieses Jahrhunderts. Es geht um Ehe und Ehebruch, um kleine Leute und große Freiheiten, um Menschen, die sich verlaufen und zurückfinden. In »Freiheit« heiratet der kluge, aber spießige Walter die quirlige, aber selbstunsichere Patty. Sie fasziniert ihn mit ihrer Kreativität und Emotionalität, quält ihn aber auch mit ihren Launen. Sie macht ihn müde und mürbe. Doch obwohl seine bildhübsche Assistentin ihn anhimmelt und ihm Aussichten auf ein besseres Leben als das mit Patty verheißt, will er seine Frau nicht verlassen:

»*Wie unlebbar sein Leben mit Patty auch geworden war, liebte er Patty doch auf eine völlig andere Weise, eine allgemeinere und abstraktere, aber nichts-*

*destoweniger tiefgreifende Weise, bei der es um ein
ganzes Leben in Verantwortung, um Gutsein
ging. [...] In Pattys Mitte war eine Leere, die nach
besten Kräften mit Liebe zu füllen seine Lebensaufgabe war. Glomm ein feiner Hoffnungsschimmer,
den er allein bewahren konnte. Und daher blieb
ihm, obwohl seine Lage schon jetzt unhaltbar war
und mit jedem Tag unhaltbarer zu werden schien,
nichts anderes übrig, als damit weiterzumachen.«*

Es kommt dennoch zum Ehe-Eklat. Walter verlässt
Patty. Jetzt, wo es zu spät ist, erkennt sie die Liebe zu
ihm als die Mitte ihrer Existenz. Es dauert allerdings
einige Jahre, bis sie ihn wiedersieht. Sie versucht mit
aller Kraft, die Tür, die Walter für immer zugeschlos-
sen hat, wieder aufzureißen. Sie lauert ihm auf, be-
drängt ihn stumm und auf eine für sie demütigende
Weise. Sie zwingt Walter dazu, die abgelegte Liebe
noch einmal in Augenschein zu nehmen:

*»Und so hörte er auf, ihre Augen anzusehen und sah
stattdessen in sie hinein, erwiderte ihren Blick, bevor
es zu spät war, bevor diese Verbindung zwischen
dem Leben und dem, was danach kommen mochte,
abbrach, und ließ sie all die Widerwärtigkeit in ihm
sehen, all den Hass von zweitausend einsamen Nächten, solange sie beide noch mit jenem Vakuum in Berührung standen, in dem die Summe all dessen, was
sie gesagt oder getan hatten, jeder Schmerz, den sie
sich zugefügt, jede Freude, die sie geteilt hatten, weniger wiegen würde als die kleinste Feder im Wind.
›Ich bin's‹, sagte sie. ›Nur ich.‹ – ›Ich weiß‹, sagte er
und küsste sie.«*

An dieser Stelle habe ich wieder ein paar Tempotaschentücher verschlissen. Dagegen hatte mich die Szene, in der das Kennenlernen von Walter und Patty beschrieben wird, völlig kaltgelassen. Mir wurde deutlich:

Größer, als wenn die Liebe kommt, ist, wenn sie wiederkommt.

So wie das Comeback eines Sportlers oder Künstlers mehr Gänsehaut erzeugt als sein Debüt.

So wie die Auferstehung spektakulärer ist als die Geburt.

So wie der Versöhnungssex mit einem langjährigen Partner – so versichern mir Beziehungsroutiniers – geiler ist als das erste Mal.

Früher habe ich die Behauptung, dass alles vergeht und nur die Liebe bleibt, als Poesiebuch-Trivialität und Popkultur-Stumpfsinn abgetan. Heute glaube ich fest daran, dass die Liebe nicht den Weg allen Fleisches gehen und sterben muss. Ich widerspreche den Beziehungsdefätisten, die versichern, dass auch die Liebe dem Gesetz der Schwerkraft unterliegt. 3L ist möglich.

»Die Liebe hört niemals auf«, jubelt der Apostel Paulus.

Die Arbeit an diesem Buch hat mich begreifen lassen, dass die Treue heutzutage schwieriger zu leben ist als je zuvor. Schließlich haben wir keine andere Sicherheit als das Wort unseres Partners. Ich habe aber auch erkannt, dass die Treue lohnenswerter ist als je zuvor. Denn anders als unsere Vorfahren können wir sie in Freiheit realisieren.

Wer »mono« lebt, muss besonders stark sein.

Aber:

Wer »mono« lebt, darf auch besonders schwach sein.

Denn die Mono-Liebe beruht nicht auf dem Wert, den

ich jetzt für meinen Partner habe, sondern auf einer Herzenshaltung, die darüber hinausreicht.

Damit bin ich ans Ende meines Treuetrips gekommen.

Als Treue-Azubi habe ich das Buch nicht verfasst, um das Gerümpel meines Lebens aufzuräumen. Ich habe das Buch mit sehnsüchtigem Herzen in einen leeren Raum hineingeschrieben. Dieser Raum hat sich für mich in den vergangenen Monaten mehr denn je in ein Magnetfeld verwandelt. Ich habe das Ziel, das ich mir gesteckt habe, erreicht: mir Lust auf Treue zu machen und dazu, mehr über die Treue nachzudenken.

Ich könnte schon wieder …

# 20    Treuebonustrack

## Statt eines Schlussworts

And at the end of the day
We should give thanks and pray
To the one, to the one.
*(Van Morrison, Have I Told You Lately)*

Ich habe zu danken.
Nicht denen, die mir bei der Recherche zu »Mono«
geholfen haben. Die kriegen ein gewidmetes Exemplar
und was sich sonst noch gehört. Ausgenommen meinem Verleger Bernhard Meuser, dem ich dafür danke,
dass er dieses Buch möglich gemacht hat.
Ich zitiere mich selbst: Treue erlebt man, bevor man sie
erlebt. Wenn ich schon ein Buch über die Treue verfasse, dann möchte ich die Gelegenheit nutzen, mich bei
denen zu bedanken, die mich ihre Treue haben erleben
lassen. Gemessen an der durchschnittlichen Lebenserwartung von Männern ist bei mir ungefähr Halbzeit.
Meine Prägephase sollte allmählich abgeschlossen sein.
Durch ihre Treue positiv geprägt haben mich viele
Menschen:
Allen voran meine Eltern. Ihrer Liebe und ihrem Vorbild verdanke ich meine »Yes, We Can«-Haltung zur
Treue. Sie haben soeben ihren 41. Hochzeitstag gefeiert.
Weniger selbstverständlich ist seit Kain und Abel die
Geschwisterliebe. Doch Gaby und Torsten haben mich
immer spüren lassen, dass ich treuere Freunde als mei-

ne Schwester und meinen Bruder nie finden werde. Nicht nur, weil sie mich seit einem Jahr täglich nach Fortschritten bei meinem Buch gefragt haben. Meinem Bruder und seiner Noch-Verlobten Juliane widme ich dieses Buch, weil für sie der Treue-Ernstfall demnächst eintritt. Sie heiraten.

Es gibt noch mehr gütige Menschen, die mir auf die eine oder andere Art Liebe geschenkt, mit mir Leben geteilt haben und mir über längere Zeiten hinweg treu waren: als Verwandte, Freunde und Mentoren. Sie werden wissen, hinter welchen der folgenden Vornamen ihr Nachname gehört:

Albert, Andreas, Anne, Ashley, Beat, Bernhard, Berta, Christian, Christoph, Dario, Dieter, Eberhard, Eric, Eva, Dominik, Gunter, Heidi, Helmut, Iris, Jan-Philipp, Jim, Joachim, Jochen, Jodie, Johanna, Johannes, Julia, Katharina, Luise, Marcus, Martin, Mary, Matthias, Nathan, Peter, Reinhold, Robert, Roland, Stefan, Stefanie, Theo, Thomas, Thorsten, Titus, Tom, Torsten, Ulrich, Uwe, Vince, Waldemar, Wolfgang.

Ihr alle wart Viagra für meine Seele. Ich danke Gott für Euch.

# Literatur (Auswahl)

Albert, Matthias/Hurrelmann, Klaus/Quenzel, Gudrun: Jugend 2010. 16. Shell Jugendstudie, Frankfurt a.M. 2010

Bahr, Petra: Haltung zeigen. Ein Knigge nicht nur für Christen, Gütersloh 2010

Barash, David P./Lipton, Judith Eve: Strange Bedfellows. The surprising connection between sex, evolution and monogamy, New York 2009

Bauman, Zymunt: Leben als Konsum, Hamburg 2009

Beck, Hanno: Der Liebesökonom. Nutzen und Kosten einer Himmelsmacht, Frankfurt 2006

Brafman, Ori: Sway. The irresistible pull of irrational behavior, New York 2009

Brizendine, Louann: The Female Brain, New York 2006

Brizendine, Louann: The Male Brain, New York 2010

Brooks, David: On Paradise Drive. How we live now, New York 2004

Bruder Paulus: Das Leben findet heute statt. Ein Anschlag auf die Vertröstungsgesellschaft, Hamburg 2009

Brussig, Thomas: Berliner Orgie. Reportage-Roman, München 2007

Bundeszentrale für gesundheitliche Aufklärung: Jugendsexualität 2010

Buss, David/Meston, Cindy: Why Women Have Sex. Sexual motivation from adventure to revenge – and everything in between, London 2009

Cherlin, Andrew J.: The Marriage-Go-Round. The state of marriage and the family in America today, New York 2009

Cicero: Gespräche über Freundschaft, Alter und die Freiheit der Seele, Stuttgart 2009

Clement, Ulrich: Wenn Liebe fremdgeht. Vom richtigen Umgang mit Affären, Berlin 2010

Coontz, Stephanie: Marriage, a History. From obedience to intimacy or how love conquered marriage, New York 2005

Copray, Norbert: Fairness. Der Schlüssel zu Kooperation und Vertrauen, Gütersloh 2010

De Waal, Frans: The Age of Empathy. Nature's Lessons for a kinder society, New York 2009

Dreyer, Martin: Volxbibel, Altes Testament, Band Eins, München 2009

Druckerman, Pamela: Lust in Translation. Infidelity from Tokyo to Tennessee, New York 2007

Eagleton, Terry: The Meaning of Life, Oxford 2007

Ebberfeld, Ingelore: Die Unmöglichkeit der Liebe, München 2009

Ehrenreich, Barbara: Bright-sided. How the relentless promotion of positive thinking has undermined America, New York 2009

Endress, Martin: Vertrauen, Bielefeld 2002

Fisher, Helen: Why him? Why her? Finding real love by understanding your personality type, Oxford 2009

Flanagan, Caitlin: To Hell with all that. Loving and loathing our inner housewife, New York 2006

Franzen, Jonathan: Freiheit, Hamburg 2010

Freitas, Donna: Sex and the Soul. Juggling sexuality, spirituality, romance, and religion on America's college campuses, Oxford 2008

Fromm, Erich: Die Kunst zu lieben, Frankfurt 1956

Gallagher, Winifred: Rapt. Attention and the focused life, New York 2009

Gigerenzer, Gerd: Bauchentscheidungen. Die Intelligenz des Unbewussten und die Macht der Intuition, München 2007

Gilbert, Daniel: Stumbling on Happiness, New York 2006

Gilbert, Elizabeth: Committed. A sceptic makes peace with marriage, New York 2010

Gladwell, Malcolm: Outliers. The story of success, New York 2009

Gottlieb, Lori: Marry Him. The case for settling for Mr. Good Enough, New York 2010

Gottman, John: Why Marriages Succeed or Fail (and how to make yours last), London 2007

Hensel, Jana/Raether, Elisabeth: Neue deutsche Mädchen, Hamburg 2008

Hildebrand, Dietrich von: Das Wesen der Liebe, Regensburg 1971

Hillenkamp, Sven: Das Ende der Liebe. Gefühle im Zeitalter unendlicher Freiheit, Stuttgart 2009

Höffe, Otfried. Lebenskunst und Moral oder: Macht Tugend glücklich? München 2007

Horx, Matthias: Wie wir leben werden. Unsere Zukunft beginnt jetzt, München 2005

Hurrelmann, Klaus/Andresen, Sabine: Kinder in Deutschland 2010. 2. World Vision Kinderstudie, Frankfurt a.M. 2010

Illouz, Eva: Die Errettung der modernen Seele. Therapie, Gefühle und die Kultur der Selbsthilfe, Frankfurt a.M. 2009

Institut für Demoskopie Allensbach: Jahrbuch der Demoskopie 2003–2009: Die Berliner Republik, Allensbach am Bodensee 2010

Institut für Demoskopie Allensbach: Monitor Famlienleben 2010

Karasek, Hellmuth: Ihr tausendfaches Weh und Ach. Was Männer von Frauen wollen, Hamburg 2009

Klein, Stefan: Der Sinn des Gebens. Warum Selbstlosigkeit in der Evolution siegt und wir mit Egoismus nicht weiterkommen, Frankfurt 2010

Klima, Ivan: Between Security and Insecurity, London 1999

Koidl, Roman Maria: Scheißkerle. Warum es immer die Falschen sind, Hamburg 2010

Krüger, Wolfgang: Das Geheimnis der Treue. Paare zwischen Versuchung und Vertrauen, Freiburg 2010

Lehrer, Jonah: How We Decide, New York 2009

Lovenberg, Felicitas von: Verliebe dich oft, verlobe dich selten, heirate nie? Die Sehnsucht nach der romantischen Liebe, München 2005

Luhmann, Niklas: Ein Mechanismus der Reduktion sozialer Komplexität, Bielefeld 1968

Maaz, Hans-Joachim: Die neue Lustschule. Sexualität und Beziehungskultur, München 2009

Marcel, Gabriel: Schöpferische Treue, München 1963

Mary, Michael: Lebt die Liebe, die ihr habt. Wie Beziehungen halten, Frankfurt a.M. 2008

Miersch, Michael/Broder, Henryk M./Joffe, Josef/Maxeiner, Dirk: Früher war alles besser. Ein rücksichtsloser Rückblick, München 2010

Miller, Geoffrey: Spent. Sex, Evolution and Consumer Behavior, New York 2009

Montaigne, Michel de: Von der Freundschaft, München 2005

Nehring, Christina: A Vindication of Love. Reclaiming romance for the twentyfirst century, New York 2009

Nöllke, Matthias: Vertrauen. Wie man es aufbaut. Wie man es nutzt. Wie man es verspielt, Freiburg 2009

Opaschowki, Horst W.: Deutschland 2030. Wie wir in Zukunft leben, Gütersloh 2008

Ortega y Gasset, José: Über die Liebe, Stuttgart 2002

Pease, Allan and Barbara: Why Men Want Sex and Women Need Love. Unraveling the simple truth, London 2009

Peck, M. Scott Peck: People of the Lie. The hope for healing human evil, New York 1983

Platon: Das Trinkgelage oder Über den Eros, Berlin 2004

Pons Wörterbuch der Jugendsprache 2011

Precht, Richard David: Liebe. Ein unordentliches Gefühl, München 2009

Putnam, Robert D.: Bowling Alone. The collapse and revival of American community, New York 2000

R+V Versicherung: Die Ängste der Deutschen 2010

Radisch, Iris: Die Schule der Frauen. Wie wir die Familie neu erfinden, Stuttgart 2007

Regnerus, Mark D.: Forbidden Fruit. Sex and religion in the lives of American teenagers, Oxford 2007

Retzer, Arnold: Lob der Vernunftehe. Eine Streitschrift für mehr Realismus in der Liebe, Frankfurt a.M. 2009

Rheingold Institut für qualitative Markt- und Medienanalyse: Jugendstudie 2010

Riveaux, Aelred von: Über die geistliche Freundschaft, Trier 1978

Roach, Mary: Bonk. The curious coupling of science and sex, New York 2008

Rougemont, Denis de: Die Liebe und das Abendland, Köln 1955

Scheub, Ute: Heldendämmerung. Die Krise der Männer und warum sie auch für Frauen gefährlich ist, München 2010

Schirrmacher, Frank/Strobl, Thomas (Hrsg.): Die Zukunft des Kapitalismus, Berlin 2010

Schirrmacher, Frank: Minimum. Vom Vergehen und Neuentstehen unserer Gemeinschaft. München 2006

Schmid, Wilhelm: Die Liebe neu erfinden. Von der Lebenskunst im Umgang mit Anderen, Berlin 2010

Schmidbauer, Wolfgang: Ein Land – drei Generationen. Psychogramm der Bundesrepublik, Freiburg 2009

Schneider, Siena: 33 Männer in 33 Nächten, ein erotisches Experiment. Berlin 2009

Schulze, Gerhard: Die Sünde. Das schöne Leben und seine Feinde, München 2006

Sessions Stepp, Laura: Unhooked. How young women pursue sex, delay love and lose at both, New York 2008

Siggelkow, Bernd/Bücher, Wolfgang: Deutschlands sexuelle Tragödie. Wenn Kinder nicht mehr lernen, was Liebe ist, Asslar 2008

Soble, Alan: The Philosophy of Sex and Love, St. Paul 2008

Statistisches Bundesamt: Statistisches Jahrbuch 2010

Strauss, Neil: The Game, New York 2006

Tannahill, Reay: Sex in History, New York 1980

Tavris, Carol/Aronson, Elliot: Mistakes were made (but not by me). Why we justify foolish beliefs, bad decisions, and hurtful acts, New York 2007

Thaler, Richard D./Sunstein, Cass R.: Nudge. Improving decisions about health, wealth and happiness, New York 2009

Twenge, Jean M./Campbell, W. Keith: The Narcissim Epidemic. Living in the Age of Entitlement, New York 2009

Weiß, Katharina: Generation Geil. Jugend im Selbstporträt, Berlin 2010

Wipperman, Wolfgang: Skandal im Jagdschloss Grunewald. Männlichkeit und Ehre im deutschen Kaiserreich, Darmstadt 2010

Wuketits, Franz M.: Wie viel Moral verträgt der Mensch? Eine Provokation, Gütersloh 2010

Zimbardo, Philip: The Time Paradox. The new psychology of time that will change your life, New York 2008

Zurhorst, Eva-Maria: Liebe dich selbst und es ist egal, wen du heiratest, München 2004